이이화의 역사문화수업 1
발효 이야기

이이화 원작

1937년 대구에서 주역의 대가이신 야산(也山) 이달(李達)의 넷째 아들로 태어났습니다. 어릴 때부터 한문학자이신 아버지에게서 한문 수업을 호되게 받았습니다. 하지만 학교에 보내 주지 않아 소년 시절 몰래 가출을 해서 고학을 하였습니다. 한때 문학에 열중하기도 했으나 청년이 되어 우리나라 역사 공부에 열중한 이후 살아생전 우리나라 역사에 일생을 헌신했습니다. 우리나라가 어떻게 발전해 왔는지, 어떻게 고난을 겪었는지를 쉽게 들려주는 역사책을 주로 쓴 결과 《한국사 이야기》 22권과 《만화 한국사》 9권 등을 펴냈고 《찬란했던 700년 역사, 고구려》 《허균의 생각》 《동학농민운동》 등을 지었습니다.

이이화의 역사문화수업1_발효 이야기

이이화 원작 | 박남정 글 | 백명식 그림 | 지연리 표지 일러스트
사진 이현이, 허민, 박춘희, 연두네건강 농산물, 유모례 전통식품, (주)오가원, 옷바위산골된장

구판 1쇄 인쇄 2010년 11월 20일
1판 1쇄 인쇄 2025년 2월 24일 | 1판 1쇄 발행 2025년 3월 14일

펴낸이 정중모 | 펴낸곳 열림원어린이 | 등록 1988년 1월 21일(제406-2000-000202호)
주간 서경진 | 편집 정혜연, 김보라 | 디자인 권순영 | 마케팅 홍보 김선규, 고다희
디지털콘텐츠 구지영 | 제작 윤준수 | 회계 김선애
주소 경기도 파주시 회동길 152
전화 031-955-0670 | 팩스 031-955-0661 | 인스타그램 @bluebird_publisher
전자우편 bbchild@yolimwon.com
ISBN 978-89-6155-560-9 73300

ⓒ 이이화 2025

*책값은 뒤표지에 있습니다.
*저자와의 협의에 의해 인지를 생략합니다.
*저작자와 출판사의 허락 없이 이 책의 일부 또는 전체를 인용하거나 발췌하는 것을 금합니다.

어린이제품안전특별법에 의한 제품 표시
제조자명 열림원어린이 | 제조년월 2025년 2월 | 제조국 대한민국 | 사용연령 8세 이상

이이화의 역사문화수업 1

이이화 원작 | 박남정 글 | 백명식 그림

발효 이야기

열린원어린이

'음식을 상하지 않게
오래 보관하면서도
더 맛있게 먹을 수 있는
방법은 없을까?'

머리말

발효 음식이 곧 건강식품이지요

　예전에 살았던 방정환 선생님은 어린이를 끔찍하게도 아껴 주셨습니다. 그 선생님은 어린이들의 말동무가 되어 주셨고 어린이들에게 옛적 이야기를 많이 들려주었습니다. 그 선생님은 옛적 이야기를 할 때 말투와 몸짓에 너무나 강한 정열을 담아 어린이들이 때로는 까르르 웃고 때로는 슬퍼서 울었다고 합니다.

　어린이는 마음이 순수하고 자주 감동하며 또 동정심도 많습니다. 그래서 남의 얘기를 곧이곧대로 믿고 받아들입니다. 또 장난꾸러기가 되어 말썽을 부리거나 동무들을 놀리기 좋아하고 호기심이 많아 무슨 물건이든지 보면, 이모저모로 따져

보려 듭니다.

    이 책을 지은 할아버지도 방정환 선생님을 본받아 어린이를 아끼고 귀여워하는 마음씨를 가지고 있어요. 또 어릴 때 여러 어린이들처럼 개구쟁이 짓도 많이 했으며 옛날이야기도 듣기 좋아했습니다. 지금 할아버지가 되었어도 그때 어른에게서 들은 얘기들을 잊지 않고 있습니다. 지금도 그 시절이 그립습니다.

    이 책에는 우리나라의 발효 음식 이야기를 담았습니다. 여기에는 된장, 간장, 청국장을 비롯해 젓갈, 식초에 이르기까지

발효 음식의 제조 방법을 재미있고 알기 쉽게 적어 놓았습니다. 그리고 그림을 곁들여 설명도 덧붙여 놓았지요. 아주 흥미가 있을 거예요.

요즘 우리 어린이들은 '패스트푸드'를 좋아하지요. 하지만 너무 자주 먹진 마세요. 몸에 좋지 않답니다. 할머니나 어머니가 담가 주거나 정성스레 만들어 주는 음식을 많이 먹어야 건강에 좋습니다.

오늘날 다른 나라 사람들은 우리의 발효 음식을 두고 '웰빙' 식품이라고 해서 많은 관심을 기울이고 있습니다. 다 그럴 만한 까닭이 있지요. 이 책을 읽으면서 그런 지식을 쌓아 보세

요.

    다른 책에는 우리 풍속과 생활에 얽힌 이야기를 따로 모아 여러분의 읽을거리로 제공할 것입니다. 어린이는 미래의 희망이요 나라의 보배이니 열심히 읽고 마음과 몸이 모두 건강하게 자라세요.

임진강 가의 헤이리에서
이 책을 지은 할아버지가 씁니다.

차례

은근과 끈기로 지켜 낸 밥상
- 자연을 닮은 발효 식품 14
- 때 맞춰 만들고 기다려라 18
- 인류 문명과 함께한 발효 음식 23
- 불 끄고 듣는 이야기_미생물의 힘 28

우리 음식의 감초 간장
- 콩장은 우리 조상들의 발명품 34
- 삶을 지켜 주던 장 39
- 장맛을 지켜라 43
- 불 끄고 듣는 이야기①_콩 이야기 48
- 불 끄고 듣는 이야기②_350년 된 간장 52

고향의 맛 된장
- 된장의 어머니, 메주 58
- 가지가지 별미 된장 64
- 담고 가르고 익히고 68
- 불 끄고 듣는 이야기_장독대는 안주인의 얼굴 74

매콤하고 달큰한 고추장
- 고추장의 조상은 매운 된장 80
- 조금 담가 아껴 먹던 고급 장 86
- 임금님께 올리던 순창 고추장 90
- 불 끄고 듣는 이야기_고추 이야기 94

휴대용 콩장 청국장
- 사흘 만에 뚝딱 만드는 장 100
- 말이 없어도 청국장을 만들어요 106
- 청국장, 왜 이렇게 인기예요? 110
- 불 끄고 듣는 이야기①_아시아의 콩 발효 식품 114
- 불 끄고 듣는 이야기②_구릿한 냄새의 범인은? 118

밥상의 기둥 젓갈

짭짤한 바다 맛을 밥상에 올려라 124
지역마다 다른 젓갈의 종류 129
절이는 것이 아니라 삭히는 것 133
불 끄고 듣는 이야기①_소금 이야기 138
불 끄고 듣는 이야기②_밥 먹는 나라엔 다 있는 젓갈 142

우리나라 대표 음식 김치

맨드라미꽃으로 색깔을 냈다고? 148
김치 없이는 못 살아 154
김치도 가지가지 159
불 끄고 듣는 이야기①_다른 나라에도 김치가 있을까? 166
불 끄고 듣는 이야기②_기무치가 아니라 김치 170

불 붙는 물 술

누룩을 빚어 술을 앉혀라 176
술맛이 좋아야 좋은 일이 생기지 181
막 걸러 막걸리, 잘 걸러 청주 186
불 끄고 듣는 이야기_인류가 처음 마신 음료 192

사람이 만든 최초의 조미료 식초

술이 시어지면 식초 200
부뚜막 위에서 식초가 익어요 203
식초의 놀라운 효능 207
불 끄고 듣는 이야기_석유로도 식초를 만든다고? 212

첫째 마당

은근과 끈기로 지켜 낸 밥상

자연을 닮은 발효 식품

보글보글 끓는 된장찌개에 빨갛게 잘 익은 김치 한 보시기, 조물조물 간장에 무친 나물 접시에 고추장에 푹 찍어 먹는 풋고추……. 우리 밥상을 지켜 온 음식 가운데는 발효 음식이 참 많아요. 우리나라 사람들은 단맛, 쓴맛, 짠맛, 신맛, 매운맛 외에 삭은 맛(발효의 맛)을 즐기는 민족이라는 말까지

있답니다. 발효란, 효모나 세균 따위의 미생물이 작용을 해서 사람에게 쓸모 있는 물질을 만들어 내는 과정을 말해요.

우리 민족은 삼국 시대 이전부터 여러 가지 발효 식품을 만들어 먹기 시작했어요. 우리 땅에 잘 자라는 콩을 이용해 만든 장은 다른 나라에까지 퍼져 나갈 정도로 유명했지요. 채소를 소금에 절여 저장하는 것은 다른 나라에서도 흔히 볼 수 있지만 조선 후기부터 만들어진, 절인 채소에 젓갈, 고춧가루와 각종 양념을 섞어 먹는 김치는 오직 우리나라에만 있답니다.

외국에서 들여온 고추를 이용해 세계에서 하나뿐인 고추장을 만든 것은 또 어떻고요. 그러고 보

니 우리 조상들은 음식 발명의 천재였던 것 같아요. 우리나라 사람들이 유난히 발효 음식을 잘 만들고 즐겨 먹었던 것은 왜일까요. 그것은 바로 우리나라의 땅 모양이나 날씨, 우리나라 사람들의 생활 습관이 발효 음식을 만들고 먹기에 좋았기 때문이랍니다.

우리 민족은 까마득한 옛날부터 농사를 짓고 산 농경 민족이었어요. 우리나라 땅을 보면 높지 않은 산이 많고 들판이 기름져 여러 가지 작물들을 심고 가꾸기에 적당했어요.

특히 여름이면 날씨가 덥고 비가 많이 오기 때문에 벼농사를 짓기에도 좋았답니다. 게다가 삼면이 바다라 해산물도 구하기 쉬웠지요. 때문에 다양한 재료로 음식을 만들 수 있었어요.

하지만 늘 그랬던 건 아니에요. 봄, 여름, 가을,

겨울로 계절이 바뀌니 먹을거리들을 항상 구할 수는 없었던 것이지요. 봄이나 여름에 흔한 채소를 가을이나 겨울에는 구할 수가 없었고, 더운 여름에는 해산물이 쉽게 상해 보관을 할 수가 없었답니다.

'음식을 상하지 않게 오래 보관하면서도 더 맛있게 먹을 수 있는 방법은 없을까?' 우리나라의 발효 식품들은 이렇게 해서 만들어지게 된 거예요. 눈으로는 볼 수 없는, 아주 작은 여러 가지 미생물들의 힘을 빌려서 말이에요.

때 맞춰 만들고 기다려라

 발효 음식은 아무 때나 후다닥 만들어 먹을 수 있는 음식이 아니랍니다. 저마다 때가 있고 오래 기다려야 완성이 되지요. 우리 조상들은 그 때를 놓치지 않고 여러 가지 음식들을 마련했어요.

 봄에는 장을, 여름엔 젓갈을 담그고 겨울이 오기 전에 김장독을 땅에 묻었어요. 큰 눈 오기 전엔 메주를 쑤었지요. 부뚜막엔 식초가 익어 가고, 뜨

뜻한 방 아랫목엔 메주나 누룩, 술 항아리가 번갈아 들어앉았어요.

 마당 한쪽 햇볕 잘 드는 곳에 있는 장독대는 발효 음식의 창고였지요. 살림을 책임지던 어머니들은 아침이면 장항아리의 뚜껑을 열었다가 저녁이면 닫고, 묵은 장이 비면 새 장을 장만해 넣으면

장 담그기
잘 띄워진 메주를 항아리에 담고 소금물을 부어요. 이렇게 대략 40일 후에 된장과 간장으로 가르지요.

서 집안의 장맛을 대대로 이어 왔어요.

자연의 재료로 자연의 힘을 이용해 만든 우리나라의 발효 음식들은 맛도 좋고 영양도 풍부했어

요. 건강에도 좋아 때로는 약으로도 쓰였어요. 음식을 잘못 먹어 배가 아프거나 중독이 됐을 때, 벌레에 물리거나 상처가 나면 얼른 장독대로 달려가 된장이나 간장을 떠 오곤 했지요. 식초는 물론이고 술도 약으로 쓰였답니다.

요즘은 '1분이면 오케이'라고 광고하는 음식들이 넘쳐 납니다. 하지만 미생물이 사라져 버린 이 음식들은 우리 몸에 여러 가지 이상을 가져 오기도 하지요. 그래서인지 우리나라뿐 아니라 전 세계적으로 발효 음식에 대한 관심이 갈수록 높아지고 있답니다.

발효 음식이 우리 건강에 좋다는 것은 과학적으로도 밝혀졌어요. 수많은 미생물들이 달려들어 재료를 분해한 것이어서 소화가 잘되고, 우리 몸에 좋지 않은 것들은 내보내고 좋은 것들만 남겨 두었으니 건강에도 좋아요. 또 미생물들은 우리 몸에 들어가 몸속의 나쁜 세균을 없애거나 꼼짝 못 하게 해요. 그러니 있던 병은 낫게 해 주고 병에 쉽게 걸리지 않게 면역력도 키워 준답니다.

　미생물이 가득 살아 있는 건강한 우리 밥상. 우리 조상들이 전해 준 지혜로운 선물입니다.

인류 문명과 함께한 발효 음식

"발효 음식을 제일 처음 만든 사람은 누구일까?"라고 묻는 것은 잘못된 거예요. 왜냐하면 발효 음식을 처음 만든 이는 사람이 아니라 미생물이니까요.

발효 음식은 자연에서 일어나는 미생물의 반응을 이용한 음식이랍니다. 그래서 나라마다 지역마다, 기후와 자연조건 그리고 많이 나는 재료에 따라 주로 먹는 발효 음식의 종류도 달라지지요.

농사를 주로 지은 동아시아에서는 곡물을 이용한 발효 식품이 많아요. 목축을 주로 한 유럽 쪽엔 고기나 유제품을 이용한 발효 식품이 많고요. 바다 가까이에서는 당연히 수산물 발효 식품이 발달했지요.

세계적인 발효 식품의 역사를 살펴보면 인류가 어떻게 살아왔는지도 알 수 있답니다.

약간 구린 냄새는 나지만 쫄깃쫄깃 맛있고 단백질도 풍부한 치즈는 우유로 만든 대표적인 발효 식품이에요. 치즈를 제일 처음 먹기 시작한 것은 중앙아시아의 유목민들이라고 해요.

먼 옛날, 낙타를 몰고 사막을 건너다니며 장사를 하던 사람들이 있었어요. 이 사람들은 양의 위를 잘라 주머니를 만들어 거기에 우유를 담아 다니며 마셨대요. 아침에 우유를 넣어 낙타 등에 매달고 사막을 걸었으니 우유를 넣은 주머니가 탈래탈래 흔들렸겠죠.

밤이 되어 쉬면서 우유를 마시려고 주머니를 열어 보니 우유는 간 데 없고 하얀 덩어리가 생겨 있었답니다. 주머니가 흔들리면서 양의 위에 남아 있던 소화 효소인 레닌과 우유가 섞여 덩어리가 생긴 거지요. 이것이 지금의 치즈랍니다. 중앙아시아에서 먹기 시작한 치즈는 전 유럽으로 퍼졌는데, 지금은 전 세계적으로 약 천 가지의 치즈가 만들어진다고 해요.

발효 식품의 대명사로 불리는 요구르트를 발견한 사람들도 역시 사막의 유목민들이었어요. 생우유를 가죽 주머니에 담아 다녔는데, 특이한 냄새가 나면서 순두부같이 엉겨 있는 걸 발견한 거지요. 맛도 좋은 데다 쉽게 상하지 않고 오래 보관할 수 있었기 때문에 여러 곳으로 전해졌어요.

인류가 제일 처음 마신 술인 포도주는 포도를 보관해 두었던 통 밑에 고인 물이 기가 막히게 맛있다는 걸 알고는 만들기 시작했다고 해요. 그리스 사람들은 포도주를 술의 신인 디오니소스의 피라고 하며 날을 정해 마음껏 마시고 축제를 벌였답니다.

효모를 넣어 부풀린 빵을 만들어 먹기 시작한 건 이집트 사람들이었어요. 이집트의 피라미드에서 효모를 넣은 빵의 흔적이 발견됐답니다.

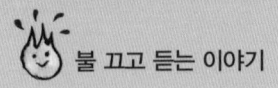 불 끄고 듣는 이야기

미생물의 힘

 콩을 삶아 그냥 내버려두면 썩어서 못 먹게 되겠지. 그런데 이것을 볏짚 위에 얹어 따뜻한 곳에 두면 맛있는 청국장이 돼. 왜 이런 차이가 생기는 걸까? 그건 바로 미생물 때문이야.

 미생물은 너무 작아 우리 눈으로는 볼 수도 없는 곰팡이, 세균, 바이러스, 효모 같은 것들을 말해. 크기는 작지만 미생물의 힘은 대단하단다. 어떤 물질을 분해시킬 뿐 아니라 전혀 다른, 새로운 물질을 만들어 내니까 말이야.

 미생물은 우리가 먹는 음식도 변화시켜. 미생

물이 활동해 어떤 음식을 못 먹게 만들어 버리는 것을 '썩었다'고 해. 하지만 새로운 맛과 성질의 음식으로 변화시키면 '발효됐다'라고 하지.

콩이 썩으면 못 먹게 되지만 발효가 되면 우리 몸에 더 좋고 맛있는 청국장이 되잖아.

발효 현상은 생물의 역사가 시작된 그 순간부터 일어났어. 잘 익은 과일이 나무뿌리 근처의 구덩이에 떨어져 발효되어 맛있는 술이 된 것이 그 예지. 눈에 보이지 않는 미생물이 있는지조차 몰랐던 옛날 사람들에게 이런 현상들은 그저 신비롭고 놀랍기만 했단다.

영어의 '발효(Fermentation)'는 라틴어의 '끓는다(ferverve)'는 말에서 나온 거래. 나무에서 떨어진 과일에서 어느 날 부글부글 거품이 일더니 맛있는 액체가 된 거지. 불에 올린 것도 아닌데 마치 끓는 것처럼 부글부글 거품이 일었으니 얼마나 신기했겠니.

그래서 발효를 신의 뜻이라 생각했고, 잘못되

면 나쁜 귀신이 훼방을 놓은 것이라 여기기도 했단다.

둘째 마당

우리 음식의 감초 간장

콩장은 우리 조상들의 발명품

중국 역사책《삼국지》에 적힌 우리나라에 대한 기록을 보면 고구려 사람들이 멀리서 소금을 날라다 썼다고도 하고, 장 담그기나 술 빚기처럼 발효 음식을 잘 만든다는 내용도 적혀 있어요.

이 무렵 중국 사람들도 장을 담가 먹긴 했지만 그건 고기나 생선을 삭힌 '어육장'이었어요. 그런데 고구려 사람들은 콩만 가지고 간장을 담갔으니, 그 솜씨가 놀랍고 신기하게 여겨져 책에까지 썼던 거지요.

고구려에서 콩으로 간장을 담가 먹게 된 것은 고구려가 차지하고 있던 만주 땅과 한반도 북쪽 땅이 콩이 맨 처음 자라난 곳이기 때문이에요. 콩이 잘 자라고 또 많이 생산되니까 콩을 많이 먹은

콩은 모든 장의 시작
콩으로 메주를 만들고, 메주로 간장과 된장을 만들어요. 모든 장은 콩으로부터 시작된다고 할 수 있지요.

것이지요.

어느 날 콩을 삶아 두었는데 끈적거리는 진이 생기고 냄새도 났어요. 그런데 먹어 보니 맛이 괜찮았어요. 오래 보관해 두고 먹고 싶어 소금을 뿌려 두었더니 액체가 생긴 거예요. 이 액체가 간장의 시초가 된 셈이지요. 건더기는 된장이나 청국장의 시초가 되었고요.

장 만드는 기술은 그 후로 계속 발전해, 백제와 신라로 퍼져 중요한 기초 음식으로 자리를 잡아요. 《삼국사기》에 보면 신라 신문왕 3년(683년)에 왕비가 시집오면서 폐백 음식으로 쌀, 술, 꿀, 기름, 젓갈, 육포 같은 음식과 함께 '장(醬)'과 '시(豉)'를 가지고 왔다고 돼 있어요. 여기서 '장'은 지금의 간장(혹은 간장과 된장이 섞인 것)을 말하는 것이고, '시'는 메주(혹은 청국장 형태의 콩 발효 식품)를 말하는 것으로 짐작한답니다.

 삼국 시대에는 이렇게 간장과 된장이 섞인 것에서 액만 떠서 간장으로 사용하기 시작했어요. 액을 따로 분리하는 기술은 시대가 지날수록 발전했어요. 고려 시대에는 항아리에 용수*를 박아 간장액을 더 많이 분리해 낼 수 있게 됐고 이것을 '장즙'이라고 구분해서 부르기도 했답니다.

 조선 시대에는 아예 간장과 된장을 따로 만드는 방법까지 등장했지요. 장은 생활에 없어서는 안 될 음식이 되었고, 집집마다 장 담그는 일을 가장 큰일로 여겼습니다.

 장 만드는 방법이나 종류도 다양해졌고 많은 양의 간장을 받을 수 있는 방법도 개발됐어요. 그해 담근 햇간장과 오래된 묵은 간장을 구분해 음식에 달리 사용하기도 했지요.

용수 싸리나 대오리로 만든 둥글고 긴 통. 술이나 장을 거르는 데 써요.

장을 중요하게 여겼고 관심이 높았던 만큼 조선 시대에 나온 많은 음식 관련 책이나 개인 일기에는 간장을 담그고 보관하는 방법과 장맛이 잘못 됐을 때 고치는 방법, 장을 이용한 요리법을 적어 놓은 것이 많답니다.

삶을 지켜 주던 장

 우리 조상들에게 간장은 단순히 음식의 간을 맞춰 주는 조미료가 아니었어요. 아무리 귀한 재료가 있어도 간장이 있어야 음식으로 만들 수 있었고, 반대로 반찬이 아무것도 없어도 장만 있으면 밥을 먹을 수 있었기 때문이지요. 집에 장이 없으면 밥 지을 곡식이 떨어진 것과 같게 여겼답니다.
 그래서 전쟁이 나거나 흉년이 들어 굶주리는 백

성들이 있을 때는 나라에서 쌀과 함께 꼭 장을 줬어요. 고려 시대의 역사를 적어 놓은 《고려사》에 보면 "현종 9년(1018년)에 거란의 침입으로 굶주림과 추위에 떠는 백성들에게 쌀, 소금, 장을 나누어 주었다"는 기록이 있습니다.

굶주린 사람에게 쌀과 함께 장을 주는 전통은 조선 시대에도 이어졌어요. 지방관이 지역 안을 돌아볼 때 가난한 백성에게 소금과 장을 나누어 주었다고 하고, 가뭄과 장마로 집을 잃은 백성에게 소금과 장을 나누어 주었다는 기록도 있어요.

 굶주린 사람을 돕기 위해 장을 준 것은 장이 모든 반찬의 기본이었기 때문이기도 했지만, 배고픈 사람들이 풀뿌리나 나물을 뜯어 먹을 때 장 없이 먹으면 위를 상하기 때문이라고 해요.

배가 몹시 고파 죽게 된 사람에게도 먼저 간장에 물을 타서 먹인 뒤에 음식을 먹이라고 했을 만큼 간장은 목숨을 구하는 약으로까지 여겨졌답니다. 생선이나 고기를 먹고 체했을 때도 간장을 먹으면 된다고 했고, 더위를 먹었을 때도 장물을 마셨어요. 기름이 튀어 화상을 입었을 때도 간장을 발랐고요. 약을 구하기 힘들었던 옛날, 장은 장독대로 달려가면 언제나 떠 올 수 있는 약품 역할도 했답니다.

장맛을 지켜라

'음식 맛은 장맛' '장 단 집엔 가도 말 단 집엔 가지 마라' '집안을 알려면 장맛을 보라' '말썽 많은 집의 장맛이 쓰다'…….

장과 관련해서는 속담이 참 많아요. 이 속담들의 뜻을 새겨 보면 하나같이 장맛이 중요하다는 말입니다. 우리 조상들은 장 담그는 것을 아주 중요하게 여겼고, 장맛이 변하면 집안에 좋지 않은 일이 생길 징조로 여기기도 했답니다.

《삼국사기》의 '김유신 조'에 보면 이런 이야기가 나와요.

> 장군이 급한 보고를 받고 싸움터에 나갈 때 자기 집 앞을 돌아보지도 않고 지나더니 50보쯤 지나다 말을 돌려 집안의 장물을 가져오게 하여 맛을 보고 그 맛이 변함이 없다 하였다.

장맛이 변함없다는 것은 집안에 별일이 없다는 것을 뜻하니 안심하고 전쟁터로 나갔다는 말이지요.

장은 메주를 쑤고, 발효시키고, 소금물에 담가 오랫동안 숙성시켜야 완성되는 것이어서 1년에 한 차례밖에 담글 수 없어요. 그런데 장맛이 잘못되면 그해 모든 음식이 다 맛이 없어지니 큰일일 수밖에 없었겠지요. 그래서 주부들은 장 담글 때

몸도 마음도 조심조심했답니다. 장 담그기 3일 전부터는 아예 집 밖으로 나가지를 않았대요. 혹시라도 좋지 않은 일을 보거나 듣게 되면 부정을 타서 장맛이 나빠질까 봐서죠. 장 담그는 날에는 새벽 일찍 일어나 목욕을 하고 고사부터 지냈답니다.

장 담그는 날도 특별히 좋은 날을 골랐어요. '말'을 뜻하는 '오(午)' 자가 들어간 날에 담그는 것이 제일 좋다고 했는데 이는 말이 콩을 좋아하기 때문이랍니다.

반대로, 물을 뜻하는 '수(水)' 자나 신맛을 뜻하는 '산(酸)' 자와 비슷한 '신(申)' 자가 들어가는 날은 장을 담그지 않았어요. 장이 묽어지거나 시어진다고 믿었기 때문이에요.

이와 관련해 재미있는 이야기가 있어요. 조선

시대에 일본과 전쟁이 일어나 왕이 피란 갈 채비를 하면서 합장사(장을 모아들이는 벼슬아치)를 뽑는데, 왕이 신씨 성을 가진 사람을 골랐대요. 그랬더니 신하들이 신씨는 '시다'는 뜻의 '산(酸)'과 비슷하므로 안 된다고 했대요. 그 후로 일반 백성들 가운데서도 성이 신씨인 사람들은 성씨가 다른 사돈집이나 딸네 집에 가서 장을 담가 왔다고 해요.

지금 우리가 생각하기엔 어쩐지 비과학적인 것 같지요. 하지만 장맛을 지키려는 우리 조상들의 이런 노력 덕분에 지금까지 우리의 장이 전해질 수 있었답니다.

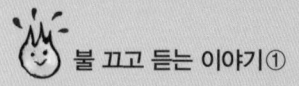 불 끄고 듣는 이야기①

콩 이야기

콩나물, 콩자반, 콩국수, 두부, 순두부, 콩비지…….

이 모든 것은 다 콩으로 만든 음식이야. 어디 그뿐이니. 우리 조상들의 멋진 발명품인 메주에다 그걸로 담근 간장, 된장까지 있으니 우리나라 사람들은 정말 콩을 다양하게 음식에 활용했지.

또 있어. '콩 심은 데 콩 난다' '마음이 콩밭에 있다' '콩 한 알도 나누어 먹는다' '콩 볶아 먹다가 가마솥 깨뜨린다' '콩으로 메주를 쏜다 하여

도 곧이듣지 않는다' '눈에 콩깍지가 씌었다' 등 콩과 관련한 속담도 엄청나게 많아. 이것은 그

만큼 콩이 우리 민족 가까이에 있었다는 증거겠지.

우리나라에서 콩이 재배된 것은 철기 시대 즈음부터야. 고구려 영토였던 만주와 연해주 지역이 바로 콩이 처음 자란 곳이었고, 콩으로 쑨 메주는 고구려 유민들이 세운 발해의 특산물로 외국에 수출까지 되었다고 해.

그런데 지금은 어떠니. 우리나라에서 생산되는 콩 제품들을 보면 대부분 외국에서 수입한 콩을 가지고 만들고 있어. 이 때문인지 900여 종에 달하던 야생 콩 품종도 자꾸 사라져 가고 있대. 그런데 엉뚱하게도 우리나라 야생 콩 씨앗들이 미국으로 건너가 새로운 콩 씨앗을 만드는 데 쓰이고 있다는구나.

조선 시대 실학자 이익은 "사람을 살리는 곡식

가운데는 콩이 으뜸"이라고 했어. 우리 민족을
먹여 살린 콩, 우리가 지켜야 하지 않을까.

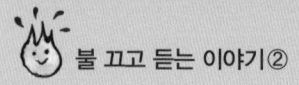 불 끄고 듣는 이야기②

350년 된 간장

사람의 발길이 잘 닿지 않는, 휴전선 근처의 민간인 통제 구역에서 허물어진 논둑을 손보던 아버지와 아들이 있었어.

"어, 아버지, 이게 뭘까요?"

"장독인 것 같은데. 조심조심 파 보자."

땅을 파 내려가니 정말 장독이 있었어. 땅속에 묻혀 있었던 덕분인지 장독은 깨진 곳이 하나도 없었지. 무쇠 뚜껑을 여니 장독 안에 까만 간장이 가득 차 있었단다.

60년 전 한국 전쟁이 일어나기 전까지만 해도

사람이 살던 곳이었기 때문에 사람들이 피란을 가면서 장독을 묻어 두고 간 거야. 다시 돌아왔을 때 다른 건 몰라도 장은 있어야 하니까 폭격

을 맞지 않게 한 거지. 장을 담근 주인은 다시 그 집으로 돌아오지 못한 것 같아. 하지만 장은 60년간 변함없이 주인을 기다렸던 셈이지. 60년 동안 상하지 않다니, 놀랍기만 하지? 하지만 이 정도로 놀라진 마. 350년 묵은 간장도 있으니까 말이야.

충북 보은의 한 종갓집에 있는 이 간장은, 이 집안의 제사나 차례 음식을 만들 때만 쓰이는 장이래. 덜어 먹은 만큼 새 간장을 채워 넣는 식으로 350년 동안이나 한 맛을 이어 왔단다.

사람들은 이렇게 오래된 간장을 '식품'이 아니라 우리나라 간장의 우수함을 보여 주는 '작품'이라고 말해. 또 오래 묵은 간장은 몸속에 있는 독소를 없애 준다고 해서 건강식품으로도 귀한 대접을 받고 있어.

할머니가 담그신 간장을 그 손자, 손자의 아들, 또 그 아들의 아들까지 계속 먹을 수 있다는 것, 이게 바로 우리나라 장이 가진 엄청난 힘이지.

셋째 마당

고향의 맛 된장

된장의 어머니, 메주

우리나라 사람들이 외국에 나가 오래 머물게 되면 가장 생각나는 음식 가운데 하나가 된장일 거예요. 보글보글 뚝배기에 끓는 된장을 보면 밥 생각이 절로 나죠. 또 구수한 된장 냄새를 맡으면 고향 생각, 어머니 생각이 난다는 사람도 많습니다. 그래서 흔히 된장의 맛과 냄새를 두고 우리나라

를 대표하는 맛이요 냄새라고 말하기도 합니다.

된장 냄새가 유명하기는 옛날에도 마찬가지였답니다. 옛날 중국 사람들은 메주를 발해의 특산물이라 하고 된장에서 나는 냄새를 '고려취'(고구려 냄새)라고 불렀대요.

그러고 보면 우리가 지금 맡고 있는 된장 냄새

는 바로 고구려의 냄새인 셈이니 된장은 정말 오래된 우리 민족의 음식이지요.

 된장의 역사를 알려면 메주의 역사를 알아야 해요. 메주란 콩을 삶아 덩어리지게 만든 다음 따뜻한 곳에서 발효시킨 것이에요. 이 메주를 소금물에 담가 숙성시킨 후 액을 따로 받은 것이 간장이고, 남은 메주 덩어리를 다시 손질하여 숙성시킨 것이 된장입니다. 간장의 '간'은 '짜다'는 뜻이고, 된장의 '된'은 '물기가 없이 되직하다'에서 나온 말이에요. 그러고 보니 간장과 된장은 한 장독에

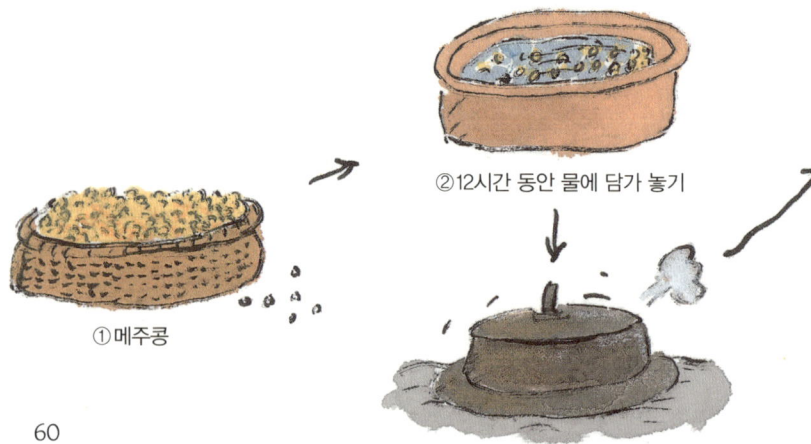

①메주콩
②12시간 동안 물에 담가 놓기
③삶기

서 태어난 형제인 셈이네요. 메주는 간장과 된장의 어머니가 되는 건가요?

 우리나라 사람들이 메주를 만들었다는 것을 알 수 있는 책으로, 중국 역사책인 《당서》가 있어요. 여기에 보면 "발해 사람들은 시(豉)로 울타리를 쳐 성같이 쌓아 놓고 있다"고 적혀 있어요. 발해는 멸망한 고구려 사람들이 세운 나라이지요. 여기서 '시'는 메주를 뜻하는데, 성처럼 쌓아 놨다고 하니 아마 이때도 메주는 지금과 마찬가지로 네모난 벽돌 모양이 아니었을까 생각된답니다. 이 '시'는 고대 중국의 음식 문화를 기록한 책에도 여러 차례 등장하고 만드는 법도 소개되어 있는데, 외국에서 들여온 것이라는 설명도 덧붙어 있어요. 이것으로 미루어 우리나라의 장 만드는 기술이 중국으로도 전해진 것을 알 수 있어요.

'메주'는 우리나라 말로, 고려 시대에는 한자로 '말장(末醬)'이라 쓰기도 했대요. 우리나라 장 만드는 기술은 일본에도 전해졌는데, 일본 사람들은 말장을 '고려장'이라고도 하고, 메주의 이름을 본떠 '미소'라고 부르기도 했어요. 일본 된장 '미소'의 원조는 메주, 즉 우리나라 된장이라는 것을 알 수 있지요.

가지가지 별미 된장

간장과 함께 된장 역시 집안에 꼭 갖춰 둬야 할 기본 음식으로 쓰였어요. 고려 문종 6년(1052년)에는 흉년으로 굶주리고 있는 백성들에게 쌀, 조와 함께 된장을 주었다고 해요. 이것만 봐도 된장이 반찬으로 널리 사용되고 있었음을 알 수 있지요.

고려 시대 때 우리나라 사람들은 밥과 함께 국을 즐겨 먹었는데, 국을 끓일 때 된장을 많이 사용했어요. 고려 시대의 음식 문화를 알 수 있는 역사책들에는 된장을 풀어 미역국, 토란국, 돼지비계국을 끓인다는 내용이 나와 있어요. 특히 고려 전기에는 불교의 영향으로 육식을 금지해 채식이 발달했는데, 이때 콩으로 만든 된장이 간장과 함께 활약을 했어요. 우엉, 파, 무 같은 채소를 된장에 묻어 장아찌를 만들어 먹었다고 해요.

조선 시대에 들어서면 된장의 종류도 많아져요. 된장이 만들어지는 원리를 잘 알고 있고 장 만드는 기술도 뛰어났던 우리 조상들은 지방에 따라

된장 항아리 속은 미생물의 놀이터야.

계절에 따라 금방 만들어 먹을 수 있는 여러 가지 된장을 만들어 밥상을 더 풍성하게 했어요.

이 가운데 여름철에 흔히 해 먹었던 즙장(집장)은 콩 삶은 것에 가지, 오이 같은 여름 채소를 넣고 말똥 거름 속에 넣어 발효시킨 장이랍니다. 한여름, 거름 더미 속은 온도가 엄청 높은데 이것을 이용해 장을 재빨리 숙성시킨 거지요.

이 밖에도 팥으로 만든 팥장, 두부로 만든 두부장, 빻은 메주에 김칫국을 부어 익힌 지례장, 두부를 만들고 남은 비지를 띄워 만든 비지장, 깻묵을 섞은 깻묵장, 보리 속겨를 구워 만든 등겨장, 볶은 콩을 사용한 볶음장 같이 특별한 재료로 만든 된장도 있었답니다.

요즘은 집에서 된장을 담가 먹는 경우가 그리 많지 않지요. 막된장이 이러니 별미장을 만들어 먹는 집은 더더욱 찾기 힘들어졌어요. 이제는 보기 힘들어진 수많은 된장들, 대체 어떤 맛이었을까 궁금하기만 합니다.

담고 가르고 익히고

　조선 시대의 가사 중에 농가에서 매달 해야 할 일을 읊은 〈농가월령가〉(1861년)라는 것이 있어요. 그 가사 가운데 '11월령'을 보면 "부네야 네 할 일 메주 쑬 일 남았도다. 익게 삶고 매우 찧어 띄워서 재워 두소" 하는 부분이 나와요.

　농사일이 끝나고 김장까지 해 땅에 묻고 난 음력 10월이나 11월에는 집집마다 메주 쑤는 일이

메주 말리기
메주는 새끼줄로 묶어 높은 곳에 매달아 말려요. 메주가 잘 만들어져야 장이 맛있답니다.

가장 큰일이었어요. 메주가 있어야 장을 담그니 메주 쑤기는 장을 담그기 위해서 제일 먼저 해야 하는 일이죠.

그런데 왜 하필이면 겨울을 앞두고 메주를 쑤었을까요? 그건 햇콩을 수확한 때문이기도 했지만 날씨가 추우면 메주균 외의 잡균들이 쉽게 퍼지

띄우다 메주에 여러 가지 곰팡이나 미생물이 잘 번식하도록 하는 것을 말해요.

지 못해서 메주가 잘 *띄워지기 때문이었어요.

 장을 담그기 위해서는 잘 띄워진 메주를 항아리에 차곡차곡 넣고 깨끗하게 거른 소금물을 부어요. 장 담그기는 음력 정월 우수일 전후가 가장 좋다고 해요. 이보다 늦으면 장이 변하기 쉬워서 소금을 많이 넣어야 하는데 그러면 장이 맛이 없기 때문이에요.

 메주를 담근 장항아리에는 벌겋게 달군 숯도 넣었어요. 집안이 불같이 일어나라는 뜻이지요. 빨간 고추와 대추도 띄우는데 자손이 잘되기를 바

〈장 담그기〉

- 장 담글 때 필요한 것들 -

①장 담글 때는 소금의 비율을 잘 맞춰야 해요.

소금이 부족하면 달걀이 가라앉아요.

적당량의 소금물이 들어간 상태.

②적당하게 소금 간 조절이 되면 메주, 고추, 참숯을 항아리에 넣어요.

③이렇게 담가 대략 40일 후에 메주를 꺼내어 구수한 된장을 만들고, 장은 끓여요.

된장은 영양덩어리야.

단백질

비타민 B1

칼슘

비타민 B2도 들어 있어.

냄새는 별로네.

라는 뜻이랍니다.

 그런데 과학적으로도 숯이나 고추는 냄새를 없애고 살균 효과가 있다고 하니 우리 조상들의 지혜가 놀랍기만 합니다.

 장을 담근 후 두어 달 남짓 지나면, 말갛던 물에 노란빛이 돌면서 까무스름한 간장으로 바뀌어요. 이제 '장 가르기'를 할 때예요. 장 가르기란 한 항아리에서 같이 숨쉬던 된장과 간장을 나누는 것이지요. 장 가르기를 해서 떠 낸 간장은 끓여서 보관해요. 그리고 된장은 항아리에 담아 낮에는 볕을 쪼여 주고 밤이면 뚜껑을 닫아 주기를 6개월 정도 계속하면 메주가 발효돼 된장이 된답니다.

 불씨를 지키듯 집안의 장맛을 이어 가는 것을 중요하게 생각한 우리 조상들은 지난해에 담근 묵은 간장이 줄어든 만큼 새로 담근 햇간장으로 채워 넣으면서 장맛을 지켰어요. 묵은 된장에는 햇된장을 더해 덧장을 만들었지요. 한 집안의 장맛은 이렇게 대를 이어 전해졌답니다.

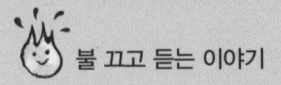
불 끄고 듣는 이야기

장독대는 안주인의 얼굴

"광에서 인심 나고 장독에서 맛 난다"는 속담이 있지.

장독대는 우리 음식의 맛을 책임지는 맛의 창고였단다. 보통 소중하고 귀한 것은 어둡고 깊은 곳에 감추기 마련인데 장독대는 집안의 동쪽, 햇볕이 제일 잘 들고 바람도 잘 통하는 곳에 만들었어. 장은 볕을 쪼이고 바람을 품어야 더 맛있게 익기 때문이야.

장독대는 납작한 돌을 2~3층으로 쌓아 마당보다 좀 높게 했단다. 장독은 옹기로 만들어 자칫 잘못하면 깨지기 쉬우니까 함부로 드나들지 못하도록 한 것이지. 장독이 깨지면 장을 못 먹게 되니 큰일이잖아. 그래서 장독이 깨지면 집

안에 불행한 일이 생긴다고 여겨 더 조심했단다. 장독대 주변으로는 맨드라미, 봉숭아 등 붉은 꽃을 심어 잡귀의 출입을 막고자 했지.

장독대에는 보통 큰 독, 중들이, 항아리들이 놓여 있어. 맨 뒷줄에 있는 큰 독은 대부분 장독이야. 가운데 중들이는 된장 또는 묵은 간장을 햇수대로 담아 두었지. 맨 앞줄에는 작은 항아리를 놓았어. 키가 작고 입구는 커서 햇볕을 많이 받을 수 있는 항아리에는 고추장, 막장 등을 담아 놓고 먹었단다.

옛날 어머니들은 아침 일찍 장독 뚜껑을 열어 볕을 쪼여 주고 밤이면 뚜껑을 닫아 이슬을 막았어. 장독은 물이 들어가지 않게 깨끗한 행주로 반들반들 윤이 나게 닦아 주었단다. 이렇게 해야 장독의 숨구멍이 막히지 않아 장맛이 변하지 않고 맛있게 익거든. 장맛이 그 집안의 음식 맛을 알게 해 주는 것이었다면 장독대는 안주인의 살림 솜씨를 보여 주는 것이었단다.

"저 집 며느리는 야무진 데가 없나 봐. 장독대가 늘 지저분해."

장독대를 보며 이렇게 평을 할 정도였지.

넷째 마당

매콤하고
달큰한 고추장

고추장의 조상은 매운 된장

　토마토, 브로콜리, 감자, 고구마 등 우리가 즐겨 먹는 식품들 가운데는 외국에서 들여온 것들이 너무나 많습니다. 원산지가 남아메리카인 고추도 그런 식품 가운데 하나지요.

　고추장은 바로 이 고추를 가지고 만든 장입니다. 간장, 된장이 아주 오랜 옛날부터 우리 민족이 먹어 오던 장인 반면, 고추장을 먹기 시작한 것은 그보다 한참 후의 일이에요. 고추장을 만드는 데 꼭 필요한 고추가 우리나라에 들어온 것이 조선 시대 임진왜란(1592년) 후이기 때문이에요.

고추는 일본을 통해 들여왔지만 고추장은 일본에는 없는 우리나라만의 음식이에요. 일찍부터 간장, 된장을 만들어 먹었던 우리 조상들이 고추를 이용해 다른 나라에서는 볼 수 없는 새로운 장

고추장
고추는 일본을 통해 들여왔지만
고추장은 일본에는 없는
우리나라만의 음식이에요.

을 만든 것이지요.

 물론 고추가 들어오기 전에도 우리 민족은 매운맛을 내는 식물로 매운 된장을 만들어 먹었대요. 허균이 쓴, 요리를 소개한 책인 《도문대작》(1611년)에는 '초시'라고 하여, 산초 또는 후추나무 열매나 껍질을 써서 매운 된장을 만들어 먹었다는 기록이 있어요.

⑤ 고추장 위쪽에 소금을 덮고 햇볕에 말리면 매콤하게 맛있는 고추장이 되지요.

하지만 이 매운 된장은 고추가 널리 재배되면서부터 모습을 감췄어요. 우리나라에서 잘 나지 않아 주로 일본이나 중국에서 수입해서 쓰는 후추는 값이 비싸고 구하기가 힘들었거든요. 하지만 고추는 우리나라에서 키웠으니 구하기가 한결 쉬웠어요. 고추라는 이름도 후추와 비슷하면서 매운 맛이 난다고 하여 '매운 후추'라는 뜻으로 붙여졌답니다.

고추가 재배되긴 했지만 처음에는 거두어들이는 양이 그리 많지 않았어요. 그만큼 비싼 음식 재료였지요. 당연히 고추장도 귀해 부자나 벼슬아치들이나 맛을 볼 수 있을 정도였지요. 그리고 처음에 만들어진 고추장은 지금 고추장과는 만드는 법도 많이 달랐어요.

고추장 만드는 법은 《증보산림경제》(1766년)라는

책에 처음으로 소개되었어요. 여기에 보면 메줏가루에 찹쌀가루를 섞고 고춧가루는 아주 조금밖에 넣지 않았답니다. 고추장이라기보다는 된장에 고춧가루를 조금 섞은 정도라고 할 수 있지요. 하지만 점차 고추 수확량이 늘어나면서부터 고춧가루를 더 많이 섞게 되었고, 고추장을 만들어 먹는 집도 크게 늘어났답니다. 집집마다 더 맛있는 고추장을 담그기 위한 비법이 따로 있을 정도로 고추장의 종류나 만드는 법도 다양해졌지요.

조금 담가 아껴 먹던 고급 장

 고추장이 널리 퍼지자 고추장 담그는 일도 집안의 중요한 행사가 됐어요. <농가월령가> 중 '3월령'을 보면 "인간의 요긴한 일 장 담그는 정사로다. 소금을 미리 받아 법대로 담그리다. 고추장 두부장도 맛맛으로 갖추어라"라고 했지요.

 하지만 고추장은 여전히 고급 장이었어요. 고추가 비싼 데다 맛을 내기 위해 꿀, 육포, 대추 같은

고급 재료들을 곁들였기 때문이지요.《열하일기》로 유명한 조선 후기의 학자이자 문인인 연암 박지원이 아들에게 보낸 편지를 보면 이 무렵 고추장이 어떤 음식으로 대우를 받았는지 짐작할 수 있어요.

"고추장 작은 단지 하나를 보내니 사랑방에 두고 밥 먹을 때마다 먹으면 좋을 게다. 내가 손수 담근 건데 아직 완전히 익지 않았다."

먼 데 사는 자식들에게 직접 담가 보내 줄 정도였으니 고추장은 특별하고 귀한 음식이었다는 것을 짐작할 수 있어요. 그리고 요즘은 거의 양념으로 쓰는 고추장을 당시에는 반찬으로도 먹었다는 사실도 알 수 있고요.

재료가 비싸 넉넉히 담글 수 없었고 그래서 아껴 가며 먹어야 했던 고추장. 그렇기 때문에 시어머니들도 고추장 단지만큼은 귀하게 여기며 함부로 열지 못하게 했대요. 시집살이를 하던 며느리에게는 그것도 속상한 일이었겠지요. '시어머니 죽고 나면 고추장 단지 내 차지'라는 속담까지 생길 정도로 말이에요.

임금님께 올리던 순창 고추장

'한국인의 매운맛'. 고추장 광고에서 듣던 말이지요. 이 말대로 고추장은 세계 어느 나라에서도 맛보기 힘든 특별한 맛을 자랑합니다. 구수하고 달큰하며 매콤한 데다 짭짤한 맛이 하나로 버무려져 삭은 맛이라고나 할까요. 이것은 고추장이 콩으로 쑨 메줏가루와 곡물가루, 고춧가루를 섞어 발효시킨 것이기 때문이에요.

고추장은 맛도 좋지만 영양도 풍부합니다. 게다가 암을 예방하고, 매운맛 성분이 몸을 날씬하게 하는 효과가 있다는 것이 밝혀졌지요. 그래서인지 요즘 우리나라 고추장은 다른 나라 사람들에게도 다이어트 식품으로 인기가 높답니다.

 고추장 중에 가장 유명한 것은 '순창 고추장'이에요. 조선 시대에도 순창 고추장은 임금님께 올릴 정도로 맛있기로 소문이 났었답니다. 조선 영조 때 이표라는 사람은 《수문사설》(1740년)이라는 책에다 '순창 고추장 만드는 법'을 소개해 놓았을 정도예요.

 순창 고추장이 유명해지게 된 데는 전해 오는 이야기가 있어요. 조선을 세운 이성계가 스승인 무학 대사가 있던 전라북도 순창군의 만일사를 찾아가

던 도중, 어느 농가에 들러 점심을 얻어먹었어요. 그 집 고추장이 어찌나 맛있던지 이성계는 조선을 세우고 왕이 된 후 그 고추장을 가져오게 했대요. 그 후로 순창 지방의 고추장은 임금에게 올리는 명품 고추장으로 이름을 날리게 됐다고 해요.

그런데 고추가 우리나라에 들어온 것이 임진왜란 이후라고 했는데 이성계가 조선을 세우기도 전에 고추장을 맛봤다니 어딘가 이상하지요? 어쩌면 이성계가 먹은 것은 고추장의 형님 격인 '초시' 즉 매운 된장이었는지도 모르겠네요.

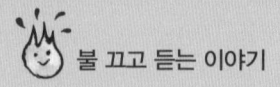 불 끄고 듣는 이야기

고추 이야기

고추가 처음 우리나라에 들어왔을 때는 만초, 남만초, 번초 등 여러 이름으로 불렸어. '만'이나 '번'은 모두 '남쪽 오랑캐'를 뜻하는 말이야. 고추라는 이름은 '매운 후추'라는 뜻으로 붙여졌어.

고추에 대한 기록이 처음으로 등장하는 책은 이수광이라는 실학자가 쓴 《지봉유설》(1614년)이야. 이 책에서 고추를 뭐라고 했나 볼까?

"남만초는 강한 독이 있는데 처음 왜국(일본)에서 들어왔다. 그래서 속된 말로 '왜 개자'라고 하였다. 때로 술집에서 그 맹렬한 맛을 이용하여 간혹 소주에 타서 팔았는데 이를 마신 자들 대부분이 죽었다."

고추에 독이 있다고 하고 고추를 먹고 죽은 사람이 있을 정도였다니, 고추가 처음 들어왔을 때 우리 조상들이 얼마나 낯설고 신기해 했을지 짐작

이 가지? 그래서 고추가 처음 우리나라에 들어왔을 때는 잘게 썰어 술안주로 먹거나 고추씨를 소주에 타서 먹는 정도였어. 고추를 가루 내어 음식에 쓰기 시작한 것은 17세기 후반에 들어서란다.

고춧가루는 우리나라 밥상을 확 바꿔 놓았지. 우리나라를 대표할 만한 두 음식이 고춧가루 덕분에 만들어졌기 때문이야. 바로 고추장과 김치란다. 특히 고춧가루가 김치에 쓰이면서부터 김치에 젓갈이 들어가게 됐는데, 이것은 고추의 매운맛이 젓갈의 비린내를 없애 주고 썩는 것을 막아 준 덕분이야.

고추는 곡물을 주로 먹던 우리 조상들에게 비타민 C를 섭취할 수 있게 해 주는 좋은 식품이었어. 게다가 고추의 매운맛 덕분에 구하기 힘든 소금을 덜 써도 음식의 맛을 낼 수 있었으니 고맙기만 한 양념이었지.

 혹시 베트남 고추, 태국 고추 같은 걸 먹어 봤니? 혓바닥이 얼얼할 정도로 매워. 하지만 우리나라 고추는 다른 나라 고추에 비해 덜 매운 데다 단맛도 난단다. 이렇게 맛이 좋으니 우리나라 사람들이 풋고추를 고추장에 찍어 먹을 수 있는 거야.

다섯째 마당

휴대용 콩장 청국장

사흘 만에 뚝딱 만드는 장

'거적문도 문이냐, 청국장도 장이냐' 우리 속담에 이런 말이 있어요. 거적문이란 가마니로 걸쳐 놓아 겨우 앞만 막아 놓은 것이니 문이라고 할 수도 없어요. 마찬가지로 청국장도 이름만 장이지 된장과는 비교할 수도 없다는 뜻에서 나온 속담이에요.

된장이 아무리 짧게 잡아도 6개월은 걸려야 완

성되는 데 비해 청국장은 2, 3일 만에 뚝딱 만들어서 먹을 수 있는 장이랍니다. 게다가 냄새도 아주 지독하지요. 아마도 이 때문에 청국장은 장 축에도 못 낀다고 낮춰 봤을 거예요.

하지만 청국장은 결코 된장에 뒤지지 않는 오랜 역사를 가지고 있어요. 청국장이 언제부터 있었는지를 찾으려면 우리 민족이 말을 타고 만주 벌판을 누비던 고구려 시대 즈음까지 거슬러 올라가야 하니까요.

만주는 콩이 처음 자라난 곳이니 콩이 흔했고,

삶은 콩
좋은 콩을 삶아 자연스럽게 발효시킨 것이 청국장의 시작이에요.

사람들은 식량을 대신해서 삶은 콩을 말안장 밑에 넣고 다녔어요. 그런데 말의 체온 때문에 삶은 콩이 자연스럽게 발효가 된 거예요. 이렇게 발효된 콩은 물기가 없어서 가지고 다니기 편했고, 먹으면 배도 부르고 소화도 잘돼 여러모로 좋았어요.

그래서 점차 여러 나라로 널리 퍼지기 시작했지요. 만주 지방에서 처음으로 시작된 청국장은 아래로는 한반도를 거쳐 일본과 동남아시아로, 위로는 실크로드를 따라 중국, 태국, 부탄, 아프리카로까지 퍼졌답니다.

그런데 이 발효 콩을 왜 '청국장'이라고 부르게 됐을까요?

조선 후기에 나온 《증보산림경제》라는 책에서는 이 장을 '전시장(煎豉醬)'이라 부르면서 "전쟁터에서도 급히 만들어 먹을 수 있는 장이라 하여 세상 사람들이 '전국장(戰國醬)'이라고 부른다"고 밝혀 놓았습니다.

그러니까 청국장의 원래 이름은 전국장인데, 세월이 흐르면서 점차 청국장으로 바뀌게 됐다는 거예요. 빠르게 만들 수 있고 간편하게 먹을 수 있는 데다 배도 부르고 영양까지 풍부하니, 병사들이 전쟁터에서 식량으로 먹었을 법도 하지요?

말이 없어도 청국장을 만들어요

청국장을 만들려면 왠지 말을 타고 만주 벌판을 2박 3일은 달려야 할 것 같지요? 하지만 말이 없어도 청국장을 만들어 먹을 수 있답니다.

앞에서 말한 《증보산림경제》에는 "콩을 잘 씻어 삶은 후 고석(볏짚)에 싸서 따뜻하게 사흘간 두면 실이 난다"고 청국장 만드는 법을 소개하고 있어요.

청국장은 쉽게 만들어 금방 먹어 치우는 장이니까 늦가을부터 초봄 사이에 주로 만들어 먹었어요. 날씨가 더우면 좋지 않은 균들이 퍼지기 쉽기 때문이지요.

콩을 푹 삶은 후 볏짚을 군데군데 꽂아 따뜻한 곳에 덮어 두기만 하면 청국장이 만들어져요. 말

청국장
쉽게 만들어 금방 먹을 수 있는 청국장은 장을 튼튼하게 해 주는 등 건강에 좋아 인기 만점이에요.

의 체온이 37~40도 정도이고 콩을 발효시키는 미생물인 고초균은 40~42도에서 가장 잘 퍼진다니까 온도만 맞춰 주면 발효가 잘 되겠지요.

우리 조상들은 삶은 콩을 볏짚과 함께 바구니나 시루에 담은 다음 아랫목에 놓고 이불을 싸서 온도를 맞춰 주었어요. 장작을 때는 방의 아랫목은 으레 절절 끓을 정도로 따뜻하니 청국장을 띄우기 그만이었지요.

이렇게 하룻밤을 두면 콩이 허옇게 변하면서 온 방 안에 구릿하기도 하고 구수하기도 한 청국장 냄새가 진동을 합니다. 숟가락으로 뜨면 끈적끈적한 실이 줄줄 따라 올라와요. 이것은 고초균에 의해 콩의 단백질과 당질이 분해돼 생기는 물질이랍니다. 청국장은 이대로 먹어도 되지만 우리 조상들은 잘 띄워진 청국장에 소금, 마늘, 고춧가루 등을 섞어 절구에 찧어 단지에 눌러 담아 놓고 주로 찌개를 끓여 먹었답니다.

청국장, 왜 이렇게 인기예요?

요즘 청국장의 인기는 그야말로 하늘을 찔러요. 끓여 먹는 청국장뿐만 아니라 청국장 가루, 청국장을 말려 동글동글하게 약처럼 만든

것까지 청국장의 변신도 다양하지요. 어디 그뿐인가요. 냄새 없는 청국장까지 나와 있어요. 청국장을 만들어 먹고 싶지만 도시에서는 볏짚도 구하기 힘들고 아랫목도 없잖아요. 이런 도시 사람들이 집에서도 간편하게 청국장을 만들어 먹을 수 있는 전자제품도 개발됐어요. 삶은 콩에 발효균을 넣고 전기만 꽂아 두면 저절로 청국장이 되는 거예요. 이처럼 청국장을 찾는 사람들이 늘어난 것은 청국장이 우리 건강에 그만큼 좋기

때문이에요.

 청국장은 장 속에 들어 있는 나쁜 균의 활동을 막아 장을 튼튼하게 해요. 또 우리 몸속에 있는 좋지 않은 노폐물들을 밖으로 빼내 주는 역할을 하지요. 그래서 몸도 가뿐해지고 피부도 고와진답니다. 또 청국장은 피가 엉기거나 뭉친 것을 녹여 줘요. 피가 막힘 없이 잘 돌면 나이 들어 생기는 여러 가지 병에 잘 걸리지 않아요. 또 각종 효소도 풍부해 소화도 잘되지요. 콩의 섬유질과 끈끈한 점액 성분 때문에 똥도 쑥쑥 잘 나오게 도와주고 살찌는 것도 막아 준대요. 청국장, 인기 있을 만하죠?

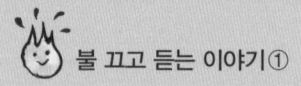
불 끄고 듣는 이야기①

아시아의 콩 발효 식품

"일본 된장은 냄새도 안 나고 달콤해서 맛있더라."

혹시 이런 친구들 있는지 모르겠구나. 그런데 일본 음식점에 가면 나오는 일본 된장, 미소의 조상이 바로 우리나라 된장이라는 걸 알고 있니?

일본은 우리나라에서 된장 만드는 법을 배웠지만 우리나라 된장과 같은 된장을 만들 수는 없었어. 습도가 높아 콩으로 메주를 쑤어 자연 상태에 두면 썩어 버리기 십상이었거든. 그래서

쌀이나 보리, 밀가루 같은 곡물에다 코지균을 길러 삶은 콩과 섞어서 된장을 만든 거지. 곡물

의 녹말 성분 때문에 일본 된장은 달큰하면서도 미끈거리는 맛이 나는 거란다. 또 일본의 유명한 콩 발효 식품 낫토는 우리나라 담북장과 비슷하단다.

우리나라 콩장이 중국에 전해져 만들어진 것이 '두시'라는 콩 발효 식품이야. 삶은 콩을 발효시킨 음식인데, 소금을 넣으면 '함두시'라 해서 우리나라 된장이나 간장과 비슷한 맛이 난단다. 소금을 넣지 않은 것을 '담두시'라 하는데 이것은 청국장과 비슷하지.

이 밖에 아시아의 여러 나라에 콩 발효 음식이 있어. 고기보다는 곡물과 채소를 주로 먹던 아시아 사람들에게 콩 발효 음식은 단백질을 섭취할 수 있는 아주 훌륭한 음식이었지.

인도와 네팔에도 콩 발효 식품이 있어. 바나나

잎에 삶은 콩을 싸서 띄운 인도의 스자체, 삶은 콩에 재를 섞어 띄운 뒤 말렸다 먹는 키네마는 우리나라 청국장과 비슷하지. 템페는 인도네시아를 대표하는 콩 발효 식품인데, 콩떡처럼 콩 사이사이에 하얀색 곰팡이가 꽉 들어차서 단단한 상태가 되는 것이 특징이야. 그냥 먹기보다는 굽거나 튀기거나 수프에 넣어서 먹는단다.

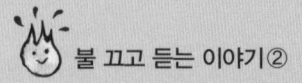 불 끄고 듣는 이야기②

구릿한 냄새의 범인은?

"우웩, 이게 웬 발냄새야? 아니아니, 방귀 냄샌가?"

아무리 몸에 좋다지만 청국장 냄새를 맡으면 코를 싸잡아 쥐게 되지. 그런데 이 냄새가 바로 발효의 냄새고, 미생물이 살아 있다는 증거라는 사실을 알면 고개를 흔들며 무조건 싫다고만 하지는 못할걸?

청국장을 만드는 건 고초균이라는 세균이야. 마른 풀에서 많이 자란다는 뜻의 이름이지. 청국장을 만들 때 볏짚을 쓰는 것도 고초균이 볏

짚에 많이 살기 때문이란다. 볏짚도 마른 풀이 잖아. 짧은 막대기 모양으로 생긴 고초균은 공

기, 흙, 물 등 우리 주변에 널리 퍼져 있는데, 우리 몸에 해를 끼치기보다는 도움을 주는 경우가 많아. 녹말이나 지방을 분해시키거든.

고초균은 번식하면서 단백질을 분해하는 효소를 만들어 콩 단백질을 *아미노산으로 만들어. 눈에 보이지도 않는 녀석이 꽤 중요한 일을 하지. 더 놀라운 것은 고초균이 만드는 단백질 분해 효소가 엉긴 피를 녹여 주는 역할을 한다는 거야. 그러니까 피를 깨끗하게 해 온몸 구석구석 잘 돌도록 해 주는 거지. 고초균의 엉덩이라도 두드려 주고 싶지?

고초균이 계속 번식해 아미노산까지 분해하면 암모니아 가스가 생겨. 구릿한 청국장 냄새의 원인은 바로 이 암모니아 가스란다. 그런데 이 지독한 냄새가 다른 잡균들이 번식하는 것을 막

아미노산 우리 몸을 구성하는 단백질의 기본 구성 단위.

아 청국장이 상하지 않도록 도와준다는구나. 정말 고마운 냄새지?

여섯째 마당

밥상의 기둥 젓갈

짭짤한 바다 맛을 밥상에 올려라

생선이나 조개 같은 것은 맛은 좋지만 오래 보관할 수 없는 것이 흠이에요. 그런데 여기에다 소금을 섞어 서늘하고 어두운 곳에 보관해 두면 색다른 맛이 나요. 이것이 바로 젓갈이랍니다.

우리나라는 언제부터 젓갈을 먹었을까요. 6세기가 시작될 즈음 중국 사람 가사협이 쓴 농업책인 《제민요술》에 재미있는 이야기가 있어요.

여러 가지 젓갈들
해산물을 오래 보관하기 위해서 소금에 절여 젓갈을 만들어 먹어요.

 한나라 무제가 *동이족을 쫓아 산동 반도 근처 바닷가에 이르렀는데, 어디선가 이상한 냄새가 났대요. 알아봤더니 그곳 사람들이 생선 내장에 소금을 섞어 항아리에 담고는 흙에 묻어 두었다가 맛이 들면 꺼내 먹는다고 했대요.

 이때만 해도 중국에서는 물고기, 새, 고기 등을 소금, 누룩, 술로 발효시킨 것을 주로 먹었으니 우리처럼 소금에만 절였다 먹는 풍습이 신기해 보

동이 예전에, 중국에서 동쪽에 사는 민족을 낮잡아 이르던 말. 여기에선 우리 민족을 가리켜요.

였던 모양이에요.

우리 음식의 뿌리를 찾을 때면 빠지지 않고 등장하는 《삼국사기》에도 젓갈이 나와요. 신라 신문왕 3년(683년), 왕의 폐백 음식에 쌀, 술, 기름, 장과 시 등과 함께 젓갈이 들어 있답니다. 왕의 폐백 음식에 들 정도니 이때의 젓갈은 일반인들은 먹기 힘든 귀한 음식이었다는 것을 알 수 있어요.

소금을 만들고 파는 것을 나라에서 관리한 고려 시대에는 젓갈의 종류가 물고기뿐만 아니라 홍

갈치 속젓
생선의 내장으로도 맛있는 젓갈을 만들 수 있어요.

합, 전복, 새우, 게 등으로 다양해졌어요. 중국 사람 서긍이 고려를 돌아보고 쓴 《고려도경》(1123년)에는 "백성들이 바다에서 나는 식품을 많이 먹는다. 그 맛이 짜고 비린내가 나지만 오랫동안 먹으면 먹을 만하다"는 내용이 있어요. 이것으로 미루어 젓갈이 반찬으로 널리 쓰였다는 것을 알 수 있지요.

조선 시대에 오면 각 지역의 특색 있는 젓갈들에 대한 여러 자료가 정리됩니다. 그만큼 젓갈 문화가 발달된 때이지요. 젓갈 만드는 방법도 더 다양해졌어요. 특히 고추가 들어온 조선 후기 이후로는 생선을 밥과 소금, 고춧가루, 엿기름 또는 누룩으로 버무려 담근 '식해'도 만들었어요.

하지만 이때까지만 해도 젓갈은 어민들이 집에서 조금씩 담가 먹는 데에 그쳤어요. 젓갈 맛을 볼 수 있었던 것도 바닷가 근처에 살던 사람들이나 젓갈을 공물로 받았던 왕족이나 관리들 정도였지요. 그래서 젓갈은 뇌물로 곧잘 쓰였다고 해요.

 조선 후기에 들어서면서 고기 잡는 기술이 발달해 더 많은 수산물을 얻을 수 있게 되었어요. 상업 또한 발달해 각 지방의 특산물이 전국으로 유통되었지요. 그러자 젓갈을 한꺼번에 많이 만들어 내는 곳이 생겼고 전국으로 팔려 나갔어요. 이제 누구나 젓갈을 사 먹을 수 있게 된 거예요.

 그렇다고 젓갈이 하찮게 여겨진 것은 아니랍니다. 여전히 크고 작은 제사상에 빠짐없이 오를 정도로 귀한 음식으로 대접을 받았으니까요.

지역마다 다른 젓갈의 종류

  우리나라 젓갈의 종류는 알려진 것만 140여 종이나 됩니다. 삼면이 바다로 둘러싸였고 크고 작은 강이 있으니 젓갈의 재료가 될 생선이나 조개 같은 것이 그만큼 풍부했던 것이지요. 우리나라는 지역에 따라 잡히는 생선과 조개가 달랐고, 지방마다 즐겨 먹는 젓갈도 달랐답니다. 김치에 넣는 젓갈의 종류나 양도 각각 달라 지역마다 김치

맛도 달라졌어요.

 서울과 경기 지방은 조기젓을 많이 담가 먹었어요. 5, 6월에 연평도 앞바다에서 잡힌 조기로 젓갈을 담가 두었다가 한여름 반찬으로 즐겨 먹었지요.

 조선 시대에는 특히 새우가 많이 잡혔어요. 때문에 온 나라 사람들이 가장 흔하게 먹은 것이 새우젓이에요. 언제 담갔느냐에 따라 부르는 이름도 달랐어요. 음력 5월에 담근 '오젓'은 크기가 작고 살이 붉은빛을 띠며 부드러워 반찬으로 많이 먹었어요. 그리고 음력 6월에 담근 '육젓'은 김장할 때 주로 썼어요. 새우가 크고 살이 단단하며 흰빛을 띠는 게 특징이지요.

 강원도에서는 오징어와 동태가 많이 잡히기 때문에 이를 이용한 젓갈이 특산물이에요. 서해안인 충청도 서산 근처에서 나는 굴은 크기가 작으면서도 알이 탱탱해서 맛있어요. 그래서 이 지역은 어리굴젓으로 유명하지요. 특히 간월도 어리굴젓은 임금님께 올리는 진상품이었어요.

남해안 중에서도 전라도 지방은 추자도의 멸치젓과 위도의 꼴뚜기젓이 명물이었어요. 경상도 지방에서는 전어 창자, 대구 내장, 해삼 창자 등 내장을 이용한 젓갈이 유명했어요.

생선이나 조개 같은 것을 소금에만 절이는 젓갈

꼴뚜기젓
전라도 지방의 명물인 꼴뚜기젓은 쫄깃쫄깃한 맛이 좋아요.

에서 변화를 준 것이 식해예요. 식해는 가자미나 명태, 대구 등 기름기가 적은 생선을 소금에 절였다가 고춧가루, 엿기름가루, 좁쌀, 마늘, 생강 등 갖은 양념으로 버무린 후 1주일 정도 삭혀서 먹는 음식이에요. 소금이 적게 들어가도 되기 때문에 소금 구하기가 힘들고 기온이 낮은 북쪽 지방에서 주로 해 먹었어요. 삭힌 생선과 좁쌀알이 어우러지는 식해는 별미 중의 별미였지요.

절이는 것이 아니라
삭히는 것

 젓갈 만들기는 무척 간단해요. 제철에 난 신선한 생선이나 조개류, 알, 내장 등을 소금에 섞어 보관하면 되니까요. 하지만 금방 먹을 수는 없어요. 짧아도 두 달에서 석 달, 길면 1년까지 기다려야 먹을 수 있답니다. 이렇게 오랫동안 두어도 썩지 않는 것은 소금과 미생물의 힘이지요.

 우리 조상들은 짧은 시간 발효시켜 모양이 그대

로 살아 있는 젓갈은 여러 가지 양념을 더해 반찬으로 먹었어요. 그리고 오래 발효시킨 것은 액즙을 받아 김치나 다른 반찬을 만들 때 양념으로 사용했고요.

젓갈이 완성되기까지 항아리 속에서는 짠 소금에도 잘 견디는 여러 효소와 미생물들이 부지런

히 움직입니다. 재료인 생선과 조개 같은 것들의 단백질을 분해해 여러 가지 새로운 물질을 만들어 내지요. 이렇게 하면 비린내가 없어지고 살이 부드러우면서도 쫄깃하게 된답니다. 또 짭조름하면서도 구수한 맛과 입맛을 돋우는 냄새까지 만들어 주지요.

잘 익은 젓갈에는 단백질과 지방을 분해하는 효소가 많이 들어 있어 소화를 도와줘요. 지금도 돼지고기를 먹을 때 새우젓을 곁들이고, 체했을 때 토하젓을 한 숟갈 먹는 것도 다 이런 이유 때문이에요.

이 밖에도 젓갈에는 쌀밥에 부족한 여러 가지 영양소도 풍부해 밥을 주로 먹는 우리나라 사람들에게는 더할 나위 없이 좋은 식품이지요.

짭짤한 젓갈 한 종지면 밥 한 그릇이 금세 뚝딱

이니 젓갈을 일러 '밥도둑'이라 할 만하죠.

곰삭은 젓국은 또 어떤가요. 고춧가루, 갖은 양념과 어우러져 다른 나라에서는 흉내도 낼 수 없는 한국 김치의 맛을 만들어 냈답니다.

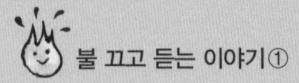 불 끄고 듣는 이야기 ①

소금 이야기

"어이쿠, 이 녀석. 또 이불에 지도를 그렸구나. 가서 소금 얻어 와!"

우리 조상들은 아이가 밤에 오줌을 싸면 키를 씌워 소금을 얻으러 보냈어. 아무리 생각해도 오줌이랑 소금은 별 상관이 없는 것 같은데 왜 하필이면 소금을 얻어 오라고 했을까?

옛날 사람들에게 소금은 신비로운 것이었어. 그냥 두면 썩어 버릴 생선이나 고기, 채소에 소금을 치면 오랫동안 보관할 수 있었으니까 말이야. 그래서 나쁜 것을 물리치고자 할 땐 소금을 썼단다. 아이들이 오줌을 싸는 것도 나쁜 귀신이 왔다 갔기 때문이라고 여겼거든. 그래서 여러 집을 돌며 소금을 얻으면 그 나쁜 귀신을 떨쳐 버릴 수 있다고 생각한 거지.

요즘에는 소금을 귀하게 여기는 사람은 거의 없어. 오히려 소금을 많이 먹으면 병에 걸린다고 멀리하잖아. 하지만 옛날에는 소금이 돈이나 다름없었어. 고려 시대에는 '도염원'이라는 관청을 두어 소금을 만들고 파는 일을 엄격하게 관리했단다. 그 때문인지 소금을 만드는 기술이 크게 발전하지 못했지.

조선 시대에는 소금이 나는 바닷가 근처 고을에다 염장을 설치해 소금을 직접 구웠단다. 소금을 굽다니, 무슨 말인가 싶지? 우리나라에서는 예전부터 '자염'이라고 해서, 말린 갯벌 흙을 바닷물로 거른 다음 솥에 넣고 끓여서 소금을 만들었어. 자염은 덜 짜고 영양가도 풍부해 간장이나 된장, 김치, 젓갈 등을 담가도 훨씬 맛이 좋고 쉽게 변하지 않는단다.

예전 우리나라에는 소금이 많이 부족했어. 조선 후기에는 청나라로부터 소금을 수입할 정도였지. 간혹 장사꾼들이 소금을 모조리 사서 창고에 재어 놓고는 값이 올라가면 내다 팔아 큰 이익을 챙기는 일도 생겨 나라에서 단속을 했다고 해. 소금을 만들어 내는 지역이 많지 않고 교통이 불편하던 옛날에는 소금 장수가 마을에 와 주는 게 반갑고 고마웠겠지. 그래서 아주 인기를 끌었던 모양이야. '평양 감사보다 소금 장수가 낫다'는 속담도 있고, 소금 장수에게 마을에서 집도 지어 주고 장가도 보내 주었다는 이야기도 있단다.

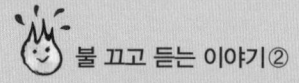 불 끄고 듣는 이야기②

밥 먹는 나라엔 다 있는 젓갈

 제일 처음 젓갈을 만든 것은 누굴까. 아마도 해안이나 큰 강 근처에 살면서 물고기를 잡아먹던 사람들이었을 거야. 잡아 놓았던 생선을 미처 먹지 못하고 그대로 두었는데 어느 날 보니 생선살이 발그스름하게 변하고 부들부들해져서는 색다른 맛과 향이 났던 거지. 이것이 젓갈을 만들게 된 계기가 됐을 거야.

 짭짤한 젓갈이 밥이랑 잘 어울려서인지 밥을 주로 먹는 동아시아 여러 나라에는 우리나라 젓갈과 비슷한 음식이 있어.

일본의 젓갈이라 할 수 있는 '시오카라'는 생선과 생선 창자 그리고 발효된 쌀을 이용해 만드는데 종류가 다양하단다. 중국에서는 생굴을 소금물에 담가 발효시킨 뒤 맑은 액만 받은 굴소스를 만들어 여러 요리에 사용하지. 태국에서는 멸칫과에 속하는 앤초비나 고등엇과의 생선을 소금에 발효시켜 맑은 액만 거른 '남플라'를 간장처럼 요리에 쓴단다. 새우를 으깨 발효시킨 '가피'는 우리나라 새우젓과 비슷해. 베트남에서는 바다 생선을 몇 달 동안 소금에 삭혀서 맑은 액만 걸러 만든 '느억맘'이라는 음식을 거의 모든 요리에 사용한단다.

일곱째 마당

우리나라 대표
음식 김치

맨드라미꽃으로 색깔을 냈다고?

우리 밥상에 절대 빠지지 않는 음식이 있죠. 바로 김치예요. 우리나라 사람이 외국에 오래 있을 때면 가장 먹고 싶어 하는 음식도 김치라고 해요. 채소를 소금에 절여 짭짤하게 먹는 음식은 다른 나라에도 있지만 우리나라의 김치처럼 여러 가지 양념과 젓갈을 넣어 만든 음식은 다른 나라에서는 찾아볼 수 없기 때문이지요.

술지게미 술을 짜내고 남은 건더기.

그런데 아주 오래 전, 우리 조상들이 먹던 김치는 지금 우리가 먹는 김치와는 달랐어요. 소금물로 잘 절인 배추에 고춧가루와 생강, 마늘, 젓갈 같은 양념을 듬뿍 넣어 빨갛게 버무린 김치가 아니었던 거지요. 처음엔 채소를 그냥 소금이나 *술지게미 같은 데 절여 먹었어요. 이런 것을 채소 절임이라는 뜻으로 '저(菹)'라고 불렀어요.

 우리나라 사람들이 채소를 소금에 절여 먹었다는 내용이 책에 등장하는 것은 삼국 시대예요. 중

김치의 재료들
김치에는 다양한 재료가 들어가요. 배추는 물론이고 무, 파, 마늘, 생강, 고춧가루 등이 모두 모여 김치가 된답니다.

국 역사책인 《삼국지》의 '위지 동이전'에 '고구려 사람들이 채소를 먹고 있었으며 소금을 이용하였고 발효 식품을 잘 만들었다'는 내용이 나와요. 그리고 《삼국사기》에는 신라 신문왕이 왕비를 맞이할 때 처가에 보낸 물건 중에 '해(醢)'라는 것이 나오는데 이것은 소금에 절인 음식을 뜻해요. 젓갈이나 김치 같은 것을 한꺼번에 일컫는 말이지요.

'김치'라는 이름도 바로 채소를 소금에 절여 먹은 데에서부터 생겨난 거예요. '채소를 소금물에 담근다'는 뜻에서 '침채'라고 불렀는

데, 이 말이 '김치'라는 말의 뿌리가 됐어요. '침채'가 오랜 세월이 흐르면서 '딤채'로, 다시 '김치'로 변한 거죠.

고려 시대에는 채소 절임이 더 흔해지고 종류도 다양해져요. 채소도 오이, 가지, 파, 아욱, 순무, 박 등으로 다양해지고 마늘 같은 양념도 곁들여 맛을 냈답니다.

조선 시대로 들어서면서 김치의 종류도 훨씬 더 다양해졌어요. 소금에 절인 채소에 다시 소금물을 부어 만든 동치미나 나박김치도 담가 먹게 됐지요. 생강, 귤껍질처럼 향이 나는 채소들도 곁들였어요. 여뀌라는 풀로는 매운맛을 냈다고 해요. 맨드라미꽃으로 빨갛게 색깔도 내고요. 이렇게 담근 김치의 맛이 어땠을지 정말 궁금하지요?

지금 먹는 것처럼 빨갛게 양념이 된 배추김치

를 먹기 시작한 것은 그리 오래되지 않았답니다. 우리나라에 고추가 들어온 것은 1592년 임진왜란 때이고, 고추가 널리 재배되어 김치에도 고춧가루가 쓰인 것은 그보다 훨씬 뒤인 18세기부터거든요. 배추도 18세기가 되어서야 중국으로부터 씨앗을 들여와 심기 시작했기 때문에, 지금 우리가 먹는 것과 같은 배추김치는 20세기에 들어서야 담그기 시작했답니다.

김치 없이는 못 살아

밥은 심심하고 별다른 맛이 없으니 짭짤한 반찬과 함께 먹어야 맛도 있고 소화도 잘되죠. 영양도 고루 섭취할 수 있고요. 그중에서도 김치는 그냥 먹기도 하지만 국이나 찌개 등 다양한 반찬으로 요리할 수도 있어 겨울이면 채소를 구하기 힘들었던 옛날에는 김치가 밥만큼이나 중요했답니다. 그래서 농사가 끝나고 겨울이 오기 전 우리 조상들은 어느 집이나 할 것 없이 김장을 담갔어요. <농가월령가> '10월령'에 보면 이런 내용이 나와요.

> 무 배추 캐어 들여 김장을 하오리라 앞 냇물에 깨끗이 씻어 소금 간 맞게 하소 고추 마늘 생강 파에 조기 김치 장아찌라 독 옆에 중두리요 바이 항아리라 양지에 움막 짓고 짚에 싸 깊이 묻고 장다리 무 아람 한 말 수월찮게 간수하소.

김장이 중요한 겨울 채비였고 그 양도 엄청나게 많았던 탓에 김장철이 되면 친척끼리, 이웃끼리 이 집 저 집 돌아가며 서로 도와 김장을 했어요.

김장하는 날에는 아침 일찍부터 온 집안이 떠들썩하고 부산했어요. 김장을 하는 것은 주로 여자들이었지만 남자들도 배추나 무 같은 김장 재료를 나르고 김칫독을 갈무리하는 일을 도왔지요.

 이렇게 겨우내 먹을 김치를 여러 사람이 힘을 모아 함께 담그니 일이 훨씬 수월하고 빨리 끝날 수 있었어요. 그리고 집집마다 조금씩 다른 김치도 맛볼 수 있으니 일하는 재미도 더 났고요. 이웃이나 가족 간의 정도 더 두터워졌겠지요.

 우리 조상들은 김치를 담그는 것만큼이나 김치를 보관하는 데도 정성을 기울였어요. 김치는 온도가 높으면 너무 빨리 익어서 금방 시어져 버려요. 반대로 너무 추운 곳에 두면 익질 않지요. 게다가 김치가 얼기라도 하면 김치의 아삭거리는 맛이 없어지고 흐늘흐늘해져 맛이 떨어진답니다.

김치를 맛있게 보관하기 위해 우리 조상들은 김치움을 짓고 김칫독을 땅에 묻었어요. 김치움을 만드는 것은 남자들의 일이었지요.

김장철이 다가오면 남자들은 집 마당 양지쪽에 놓인 장독대 옆에 땅을 파고 김칫독을 묻어요. 짚이나 가마니 같은 것으로 독을 감싸고 틈이 생기지 않도록 톱밥 같은 것을 꼭꼭 채워 넣지요. 이렇

게 하면 날씨가 추워도 김칫독이 어는 것을 막을 수 있어요.

한겨울, 온도가 한결같은 땅속에 김칫독을 묻어 김치를 적당한 온도에서 익혀 최고의 김치 맛을 만들 줄 알았으니 우리 조상들의 생활은 과학 그 자체이지요. 이런 조상들의 지혜를 흉내 내어 만든 것이 요즘 우리가 흔히 쓰는 김치냉장고랍니다.

김치도 가지가지

 밥을 주로 먹는 우리나라 사람들에게 김치는 빼놓을 수 없는 훌륭한 반찬이에요. 그래서 우리 조상들은 김치를 맛있게 잘 담가야 음식 솜씨가 있는 사람이라고 할 정도로 김치 담그는 솜씨를 중요하게 여겼답니다.

 맛있는 김치는 뇌물이 될 정도로 귀한 대접을 받기도 했어요. 김치를 잘 담가 윗사람에게 바친

동치미
무를 통째로 썰어 담그는 물김치인 동치미는 주로 겨울에 먹어요.

나박김치
무를 얄팍하고 네모나게 썰어 담그는 물김치예요. 손쉽게 담글 수 있어요.

백김치
고춧가루를 넣지 않고 만들어요. 모양이 깨끗하고 담백하며 순한 맛이에요.

깍두기
무를 썰어 만들어요. 아삭하며 단단하게 씹히 맛이 좋아요.

덕에 벼슬이 정승에 이르러 '김치 정승'이라는 별명을 얻은 이가 있었을 정도랍니다.

현재까지 기록에 남아 있는 우리나라 김치의 종류는 어림잡아도 200여 가지나 된다고 해요. 조선 시대에는 양반집 규수라면 시집가기 전에 서른여섯 가지 김치 만드는 법을 익혀야 했다는군요.

재료에 따라 조금씩 다르긴 하지만 우리나라 김

쌈김치
┘ 배추를 썰어 갖은 양
을 한 것을 넓은 배춧잎
로 싸서 담가요.

열무김치
여름엔 배추김치 대신 열무로 담근 시원한 열무김치를 많이 먹어요.

총각김치
총각무로 만든 총각김치는 시원하게 한입에 베어 먹기 좋아요.

배추김치
김치 중의 대표 김치. 소금에 절여 헹군 배추에 갖은 양념을 해서 담가요.

치를 만드는 방법은 주재료인 배추나 무, 오이 등 채소에 소금과 여러 가지 양념 채소, 젓갈 등을 더해 발효가 일어나도록 하는 것이에요. 김치를 담그는 기본적인 원리는 같지만 지방마다 담그는 방법이나 들어가는 재료는 조금씩 달라져요. 이것은 우리나라가 남북으로 길게 뻗어 있어 겨울철 기온 차가 많이 나기 때문이에요.

날씨가 추운 북부 지방 김치는 국물이 많고 싱겁게 담그는 것이 특징이에요. 기온이 낮아 김치가 쉽게 변하지 않기 때문에 소금을 많이 넣지 않아도 되는 것이지요. 동치미, 백김치 같이 국물 많은 김치를 주로 담그고 젓갈도 새우젓이나 황석어젓 등 깔끔한 맛이 나는 것을 주로 썼어요.

하지만 따뜻한 남쪽 지방에서는 *김칫소를 적게 쓰는 대신 고춧가루와 젓갈, 소금을 많이 넣어 맵고 짜게 담가요. 기온이 높아 김치가 쉽게 변할 수 있기 때문에 간도 강하게 하고 양념도 많이 하는 것이지요. 그래서 남부 지방의 김치는 맵고 짜며 김칫국이 적은 편이에요. 젓갈은 멸치젓을 주로 쓰지요.

그런가 하면 중부 지방은 간은 중간 정도로 하되 양념이 호화로우며 맛이 담백한 것이 특징이

김칫소 김치를 담글 때 파·무채·젓갈 등을 고춧가루에 버무려 배추에 넣는 소.

에요.

김치의 원래 목적은 겨울철에 먹을 채소를 저장하기 위한 것이었어요. 하지만 김치가 반찬으로 쓰이면서부터 계절마다 제철에 나는 채소를 이용해 여러 가지 김치를 담갔지요.

이른 봄에는 겨우내 땅속에 묻어 두었던 무를 가지고 나박김치나 깍두기를 주로 담갔고, 봄배추 등으로 겉절이를 담가 금방 먹었어요.

여름에는 열무김치를 가장 흔하게 담고, 오이가 많이 날 때이므로 오이소박이와 오이지를 담가 먹지요.

가을에는 무, 배추를 수확해 이 둘을 섞어서 담그는 섞박지와 통배추김치를 주로 담가요.

겨울에는 김장을 담가 이듬해 봄까지 먹는데 통배추김치 외에도 보쌈김치, 동치미, 총각김치, 깍두기 등 여러 가지 김치를 담가요.

〈지역에 따른 김치〉

함경도
- 쑥갓김치
- 콩나물김치
- 가자미식해

평안도
- 백김치
- 동치미
- 가지김치

황해도
- 호박김치
- 섞박지
- 고수김치

강원도
- 창란젓깍두기
- 해물김치
- 파래김치

경기도
- 총각김치
- 순무김치

충청도
- 오이지
- 나박김치

경상도
- 깻잎김치
- 콩잎김치
- 고구마김치

전라도
- 오이소박이
- 고들빼기김치
- 검들김치

제주도
- 전복김치
- 동지김치

김치의 종류가 참 많지?

〈계절에 따른 김치〉

봄
- 돌나물김치
- 햇배추김치
- 얼갈이김치
- 파김치
- 봄갓김치

여름
- 양배추김치
- 부추김치
- 박김치
- 오이소박이
- 열무김치

가을
- 고들빼기김치
- 총각김치
- 가지김치
- 고춧잎김치
- 깻잎김치

겨울
- 보쌈김치
- 통배추김치
- 백김치
- 통무김치
- 깍두기

사계절이 뚜렷해 계절에 따라 다른 김치를 담가 먹어요.

165

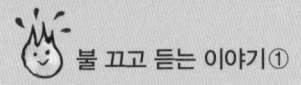 불 끄고 듣는 이야기 ①

다른 나라에도 김치가 있을까?

채소를 저장했다 먹은 것은 우리나라뿐만이 아니야. 다른 나라에도 그 나라만의 채소 절임 음식이 있단다.

세계 여러 나라의 채소 절임 음식을 살펴보면, 동양에는 소금 절임이 많고 서양에는 식초 절임이 많다는 걸 알 수 있어. 이 차이는 날씨 때문이야. 동양은 습도가 높아 채소를 소금에 절여 수분을 빼내어 저장하는 데 비해 서양은 날씨가 건조하니 채소에 식초와 물을 함께 채워서 채소가 물을 머금고 있도록 한 거야.

세계적으로 유명한 채소 절임 식품에는 어떤 것이 있을까?

　중국의 사천요리 중 '파오차이'는 우리나라의 물김치와 비슷하며 '장차이' '쑤안차이' '옌차이'는 배추나 오이를 각각 장, 식초, 소금에 절인 식품이야. 일본에서는 여러 가지 채소를 소금이나 된장, 간장에 담그는 장아찌, 곡물가루나 술지게미를 이용해 채소를 발효시켜 먹는 '츠게모노'가 밥상에서 빠지지 않아. 태국의 '팍깟덩' '팍시얀'은 밥을 지을 때 따라 낸 밥물과 소금물을 섞은 것에 채소를 절여 숙성시킨 식품이란다.

'피클'은 각종 채소를 식초에 담가 저장하는 서양의 대표적인 음식이야. 피자 시키면 꼭 따라오는 오이 피클을 생각하면 되는데 그 역사가 자그마치 4천 500년이나 된다고 해. 피클은 서양 대부분의 나라에서 먹는단다. 독일과 그 주변 나라들에서 많이 먹는 '사우어크라우트'는 양배추를 채 썰어 식초에 절인 음식이야. 이 밖에 유럽의 영향을 받은 인도에는 고추나 라임, 망고 등의 채소나 과일을 피클처럼 절인 '아차르'가 있단다.

외국의 이런 음식들은 채소를 저장하기 위해 만들어진 음식이라는 점에서는 우리나라 김치와 같지만, 만드는 방식은 차이가 많아. 외국의 채소 절임 음식들은 채소를 식초나 소금에 절이는 것으로 끝나지만 우리나라 김치는 절인 배추나 무에 고춧가루와 마늘, 생강, 파 같은 양념 채소에다 곡물로 쑨 풀, 그리고 젓갈까지 넣어 발효를 시켜 먹는다는 점이 다르지. 발효의 과정을 거치는 거니까 그만큼 건강에도 좋고 맛도 더 풍부하단다.

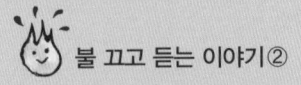 불 끄고 듣는 이야기②

기무치가 아니라 김치

"아니, 한국 사람들은 왜 조류독감이나 사스 같은 병에 잘 걸리지 않는 거지?"

몇 년 전부터 중국 등 다른 나라에 사스와 조류독감 같은 새로운 전염병이 나도는데도 우리나라에는 별 피해가 없었어. 왜 그런지 궁금해진 다른 나라 사람들이 한국 사람들은 뭘 먹나 살펴봤겠지. 그리고 한국 사람들 밥상에 빠지지 않는 김치라는 것에 관심을 갖기 시작했단다.

'이 냄새나는 음식이 혹시 그 비결 아닐까?'

조사를 해 보니 김치가 영양덩어리에, 살아 있

는 유산균이 가득하다는 걸 알게 됐지. 그때부터 김치는 건강식품으로 외국 사람들에게도 인기를 끌기 시작했어. 우리나라 김치를 흉내 낸 음식을 만들어 팔기까지 한단다.

"일본에서 만든 기무치! 기무치가 맛있스무니다."

일본에서는 우리나라 김치 만드는 법을 배워 김치를 만들어서는 '기무치'라는 이름으로 다른 나라에 수출까지 한대.

하지만 외국에서 만든 김치는 맛도 영양도 우

리나라 김치를 따라올 수가 없어. 물, 소금, 배추, 고춧가루, 젓갈 같은 재료의 맛이나 성분이 다르기 때문이지. 설사 우리나라에서 재료를 갖다 쓴다 할지라도 날씨, 기온 등 자연조건에 따라 미생물의 번식 상태가 달라지니까 맛이 같을 수가 없겠지.

칼칼하면서도 상큼한 맛과 풍부한 유산균은 잘 익은 우리나라 김치에서만 맛볼 수 있는 것이란다. 그래서 국제식품규격위원회에서도 '김치'의 표준은 '한국 김치'라고 선포했어.

 이제 김치는 세계 어디에서나 '김치'라는 우리말 이름으로 불리는 세계적인 음식이란다.

여덟째 마당

불 붙는 물
술

누룩을 빚어 술을 앉혀라

우리나라 사람들이 술을 마신 기록은 삼국 시대 이전으로 거슬러 올라가요. 동예, 옥저, 부여 같은 부족 국가들이 있던 시절부터 하늘에 제사를 지낸 후 술을 마시고 노래하고 춤을 췄다는 기록이 있어요. 고구려 건국 설화에도 해모수가 주몽의 어머니인 유화 부인을 유혹할 때 술을 먹였다고 나와요.

〈막걸리 만드는 법〉

삼국 시대에는 술을 빚을 때 누룩을 사용했고 술 빚는 기술도 뛰어나 다른 나라에까지 알려졌답니다. '신라주'는 맛이 좋기로 중국에까지 소문이 났고, 일본의 오래된 역사책에는 백제의 '수수보리'라는 사람이 일본으로 건너가 술 빚는 법을 알려 줬다는 기록도 있습니다. 이 수수보리는 후에 일본의 술의 신이 되었다고 해요.

고려 시대에는 곡물로 술을 빚고 거르는 기술이 완성되었답니다. 고려 전기에는 사원에서 여관업을 겸하여 술을 빚어 팔았어요. 또 궁중에서는 술을 빚는 관청인 양온서를 두어 나라의 의식에 쓰이는 술을 빚었지요. 고려 전기에 우리나라 술이 어떠했는지는 서긍이라는 중국 사람이 쓴 책인 《고려도경》에 잘 나타나 있어요. "고려에는 찹쌀이 없어서 멥쌀과 누룩으로 술을 만드는데 술의 맛이 독하여 쉽게 취하고 쉽게 깬다"고 했어요. 또 "왕이 마시는 술은 양온서에서 빚는 맑은 술이지만 서민들은 그런 좋은 술을 빚기 힘들기 때문에 맛이 짙고 빛깔이 짙은 술을 마신다"고 했지요. 그러니까 이때부터 맑은 술인 청주와 탁한 술인 탁주(막걸리)가 있었다는 것을 알 수 있답니다.

고려 시대에는 외국과의 교류도 활발해져 외국

으로부터 여러 종류의 술이 들어왔어요. 이 중에 지금까지도 유명한 것이 '소주'입니다. 소주는 아라비아의 술인데 원나라를 거쳐 우리나라에 들어왔어요. 이 술은 원래 원나라에서는 '아라길주'라 했고, 우리나라 개성에서는 '아락주'라고 불렸어요.

조선 시대에는 각 지방마다 혹은 각 집마다 특색 있는 술을 빚었기 때문에 셀 수도 없을 만큼 다양한 종류의 술이 만들어졌어요. 기록에 남은 것만 세어도 300여 가지나 된답니다. 술 만드는 방법도 점점 고급스러워지고 다양해졌지요.

이렇게 다양하고 풍성했던 우리나라의 술은 일제 시대에 들면서 거의 사라지게 되었어요. 술을 만드는 큰 회사가 생겼고, 술을 만들어 팔면 세금을 받았기 때문이에요. 또 가정에서 술을 만드는 것을 금지했고요.

 이 때문에 좋은 재료로 정성스레 발효시켜 만들었던 우리나라의 고급 전통주들은 대부분 사라지게 되었답니다.

술맛이 좋아야
좋은 일이 생기지

 우리 조상들은 직접 빚은 술맛이 어떤가를 가지고 집안의 운이 좋고 나쁨을 점치기도 했어요.

 빙어각 이씨가 쓴 《규합총서》에는 "술맛이 시고 나쁜 집에는 액운이 있다"고 했어요. 유희춘이 쓴 《미암일기》에는 "세주(새해에 빚는 술)를 빚었는데 맛이 좋다"고 하며 이것이 새해 운이 좋다는 것을 가리킨다고 하였어요.

 술맛을 이렇게 중요하게 여겼기 때문에 맛있는 술을 빚기 위해 정성을 기울였어요. 좋은 쌀을 원료로 하고, 좋은 날을 골라 누룩을 만들었지요. 또 좋은 물을 고르고 좋은 항아리에 담아 적당한 온도에서 발효시켜야 좋은 술이 만들어진다고 했답니다.

 그럼 우리 조상들은 언제 술을 마셨을까요. 우리의 세시 풍속을 보면 술이 빠지지 않는답니다. 1월 설날 아침, 갖은 음식과 함께 '세주'를 마련해 차례를 지냈고, 세배 오는 이에게는 술과 음식을 내주었어요. 정월대보름에는 '이명주'라 하여 이

른 아침에 찬 술을 한 잔 마시면 귀도 밝아지고 1년 내내 기분 좋은 소식만 듣는다고 했고요.

3월 삼짓날에는 봄에 피는 꽃과 각종 나무뿌리 등을 이용해 술을 담갔어요. 4월 초파일에는 술을 넣은 떡을 쪄 먹었고, 5월 단오에는 창포주를 마셨지요. 6월 유두, 7월 백종, 8월 한가위, 9월 중양절, 10월 고사, 11월 동지, 12월 제석에도 술 빚는 것을 잊지 않았답니다.

이 밖에도 여러 가지 집안 행사에 술이 빠지지 않았어요. 제사 때는 술을 빚어 조상에게 올렸고 제사가 끝난 후엔

'음복'이라 하여 제사에 참석한 사람들끼리 나누어 먹었어요. 또 손님을 청할 때, 반가운 이를 만나거나 헤어질 때도 술이 빠지지 않았지요.

술을 만들자면 찹쌀이며 쌀도 많이 들어요. 식량이 부족할 때는 술을 만드느라 곡식을 쓰는 것이 낭비로 여겨졌을 거예요. 조선 시대에는 특히 독한 소주가 인기였는데, 다산 정약용이 식량난을 덜려면 전국의 *소줏고리를 거둬들여야 한다고 상소를 올렸을 정도라고 해요.

그런가 하면 한여름에 독한 소주를 너무 많이 마시는 바람에 갑자기 죽은 사람도 생기는 등 문제도 많았대요. 그래서인지 조선 시대 의학서에는 '술 깨는 법' '술병 예방하는 법' 등을 적어 놓기도 했고, 《규합총서》에는 술 끊는 방법까지 기록해 놓았답니다.

소줏고리 술을 증류하여 소주를 받을 때 쓰는 기구.

조선 시대 왕들 중에는 아예 술을 마시지 못하게 금주령을 내린 경우도 있어요. 특히 영조의 금주령이 엄격했는데, 암행어사를 전국에 내려 보내 술을 담그거나 마시는 사람을 찾아내 벌을 주었어요. 암행어사 박문수가 이 일을 잘해 상을 받았다는 이야기도 전해진답니다.

막 걸러 막걸리, 잘 걸러 청주

 우리나라 술은 그 종류가 어찌나 많은지 헤아리기 힘들 정도랍니다. 지방마다 즐겨 마시는 술이 달랐고 집집마다 술맛이 달랐지요. 왜냐하면 각 지방의 기후나 술의 재료가 될 만한 자연물이 저마다 달랐기 때문이에요.

 우리나라 술은 만드는 방법에 따라 크게 세 가지로 구분할 수 있어요.

첫째는 탁주예요. 이름 그대로 탁하고 걸쭉하지요. 탁주는 삼국 시대부터 서민들이 즐겨 마신 술이에요. 시큼하면서도 달착지근해요. 땀 흘리고 일한 뒤 마시면 배도 부르고 갈증도 가시게 해 특히 농민들에게 인기가 있었답니다. 마구잡이로 걸렀다고 해서 '막걸리'라고도 불리는 탁주는 요즘도 들판에서 일하는 농민들이 새참으로 가장 즐겨 찾는 술이지요. 이름도 멋스러운 '안동 이화주' '제주 오메기주' '평창 감자술' 등이 탁주에 속해요.

두 번째로는 맑은 술인 청주가 있어요. 청주는 흔히 '약주'라고도 불러요. 조선 시대에 금주령이 내렸을 때 양반들이 술을 먹으면서 '약으로 먹는 것'이라 핑계를 대는 바람에 약주라는 이름이 붙었대요.

청주는 중인 이상의 사람들이 즐겨 마시던 고급술이었어요. 웬만큼 사는 집안에서는 자기 집만

여기서 말하는 소주는 동네 슈퍼마켓에서 흔히 파는 소주와는 달라요.

의 청주 빚는 비법이 따로 있을 정도였지요. 청주에는 식물의 잎이나 뿌리, 열매, 꽃 등을 넣어 맛과 향을 더하기도 했답니다. 월성 최씨 가문의 '경주 교동 법주'는 가장 오래된 청주예요.

이 밖에 '면천 두견주(진달래꽃술)' '안동 송화주(소나무꽃술)' '청양 구기자주' '함양 국화주' '남해 유자주' 등 이름부터 멋들어진 청주가 참 많답니다.

세 번째는 소주(증류주)예요. 소주는 원래 아라비아의 술이었는데, 고려 시대에 원나라를 거쳐 우리나라에 전래된 것이에요. 원나라는 우리나라와의 전쟁에서 이긴 후 경북 안동과 개성에 군사 기지를 두고 병사들을 머무르게 했어요. 병사들로부터 배운 법대로 소주를 만들게 되면서 유명해지게 되었지요.

하지만 이 소주는 지금 가게에서 흔히 살 수 있

는 소주와는 다른 술이니 오해하지 마세요. 소주는 우리나라 전통술보다는 알콜 도수가 훨씬 높고 값도 비쌌어요. 그래서 마시는 잔도 작아졌는데, 작은 소주잔이 이 때문에 만들어졌다고 하네요.

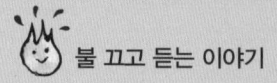 불 끄고 듣는 이야기

인류가 처음 마신 음료

 아주 오랜 옛날 사람들이 농사를 짓기 전, 그러니까 사냥을 하거나 나무 열매를 따 먹으며 살 때의 이야기야. 나무 열매를 잔뜩 따서 배불리 먹은 사람들이 남은 열매를 그냥 내버려두었어. 그런데 며칠이 지나고 나서 어디선가 향긋한 냄새가 나는 거야. 가만 보니, 먹다 남겨 둔 열매들에서 나는 냄새였어. 모양은 문드러지고 물처럼 변했지만 너무나 향기가 좋아서 사람들은 그것을 먹고 마셨지. 사람들이 먹은 게 뭐냐고? 바로 지금의 술이야.

술은 이렇게 우연히 발견되었어. 어느 날 우연히, 저절로 발효된 과일을 먹었는데 톡 쏘는 듯 독한 맛이 나면서 어질어질한 것이 기분이 좋아

진 거지.

술이 만들어지는 원리를 알게 된 사람들은 주변에서 흔히 구할 수 있는 재료로 술을 빚어 먹었어. 가축을 기르던 민족은 짐승의 젖으로 술을 만들었고 달콤한 과일이 많이 나는 나라에서는 과일주를, 농사를 짓고 살던 곳에서는 곡주를 주로 만들어 마셨단다.

인류 최초의 술은 아마도 포도주였을 거야. 포도는 원래 약 1만 년 전부터 있었던 야생 식물이라는구나. 청동기 시대의 무덤에서 포도씨가 발견되었고, 이집트의 피라미드에서는 술항아리가 나왔어. 벽화에는 포도주를 만드는 모습이 그려져 있었지. 이런 점들로 미루어 기원전 4천 년쯤에 이미 포도주가 만들어졌을 거라고 본단다.

쌀이나 보리를 이용한 곡주는 농사를 짓기 시작한 후에야 만들어진 거야. 보리로 만든 맥주의 조상이라 할 수 있는 술을 만들어 먹은 흔적은 기원전 3천 년쯤의 이집트 유적에서 발견되었어. 이집트 5왕조 시대인 기원전 1천 500년 즈음의 무덤 벽화에는 맥주를 만드는 방법이 자세히 그려져 있단다.

곡주를 만드는 방법 가운데 가장 원시적인 것은 밥을 입으로 씹어 뱉어낸 것으로 술을 빚는 방법이야.

중국의 옛 책에도 이 방법이 전하고 조선 시대에 나온 책인 《지봉유설》에도 아가씨들이 이 술을 만든다고 해서 '미인주'라고 소개한 내용이 있어. 중남미 아프리카 일부와 타이완 등지에는 근대까지 이런 방법으로 술을 빚었다고 하는구나.

몽골의 술 '아이락'은 말의 젖으로 만든 술이라 '마유주'라고도 불러. 흰빛의 이 술은 술이라기보다는 몽골인들의 여름 음료에 가까워 몽골인들은 집에 항상 아이락을 준비해 두고 있단다.

'술'이라는 우리말은 '수불'에서 비롯됐을 것이

라고 해. '수불'이란 곧 '물불'이라는 말이지. 술이 발효되면 열을 가하지 않아도 부글부글 끓어오르며 거품이 나거든. 마치 불 위에 올려놓고 끓일 때처럼 말이야.

미생물의 발효를 몰랐던 옛날 사람들에게는 이 현상이 놀랍고 신비로웠을 거야. 그래서 물에 불이 붙었다고 여긴 거지.

'물 수(水)'에 우리말 '불' 자를 붙여 '수불'이라는 말이 여기서 생긴 거야. 그러다가 세월이 흐르면서 '술'로 불리게 됐대.

아홉째 마당

사람이 만든 최초의 조미료 식초

술이 시어지면 식초

 아주 오래전, 사람들은 잘 익은 과일을 오래 두면 술이 되고 그 술이 오래 되면 신맛이 난다는 것을 우연히 발견했어요. 이런 변화가 어떻게 해서 일어났는지 그 이유는 몰랐지만 신맛이 나는 이 액체는 생활에 여러모로 도움이 되었지요. 사람들은 이 액체를 만들어 쓰기 시작했고 이것이 바로 식초예요.

우리나라에서는 삼국 시대 때 이미 술을 마셨다는 기록이 있으니 식초도 같은 시기부터 만들었을 것으로 짐작한답니다. 《해동역사》에는 고려 시대에 음식 만들 때 식초를 썼다고 적혀 있어요. 이 밖에 고려 시대 의학책인 《향약구급방》에서는 식초를 부스럼이나 중풍을 치료하는 데 사용한다고 해, 식초가 약으로도 쓰였음을 알 수 있어요.

조선 시대에 들어오면 식초의 종류나 만드는 법이 더욱 다양해져요. 식초 만드는 방법을 가장 잘

소개한 책이 《고사촬요》인데, 이 책에는 보리로 식초를 만드는 방법이 자세히 적혀 있어요. 그 후에 나온 《음식디미방》에서는 곡류를 이용한 식초 외에 매초라 하여 과실 식초 만드는 법을 처음으로 소개하고 있어요. 《고사십이집》에는 감을 이용한 감식초 만드는 법이 나와 있고, 조선 후기에 나온 《증보산림경제》, 《규합총서》, 《임원 육지》 등의 책에서는 과일초 외에도 채소나 술, 꿀을 이용하는 등 다양한 식초 만드는 법을 소개하고 있어요.

우리 조상들이 직접 만들어 먹던 수많은 식초들. 하지만 지금은 찾아보기 힘들어요. 요즘은 집에서 식초를 만들어 먹는 경우가 거의 없기 때문이에요. 그래서인지 그 옛날 집에서 만들어 먹었던 식초는 어떤 맛이었을지 더욱 궁금해집니다.

초두루미 초를 만들 때 쓰는 항아리. 둥그스름한 몸통에 긴 목, 짧은 주둥이까지 갖춰 얼핏 보면 두루미 모양을 하고 있어요. 식초를 집에서 만들지 않게 되면서

부뚜막 위에서 식초가 익어요

 식초의 맛과 효과를 잘 알고 있었던 우리 조상들은 식초를 아주 중요하게 생각했어요. 장과 함께 집안에 꼭 갖춰야 할 음식이라 여겼지요. 그래서 좋은 물, 좋은 재료를 사용하고 좋은 날을 택해 정성스럽게 만들었어요.

 식초 만들기는 잘 발효시킨 술을 걸러 맑은 술만 *초두루미에 담는 일부터 시작돼요. 이것을

초두루미도 자취를 감춰 지금은 박물관이 아니고서는 구경하기도 쉽지 않아요.
초두루미는 그릇 자체가 숨을 쉬며 온도를 조절해 발효가 잘된답니다.

'초 앉힌다'고 해요. 초를 앉힌 다음에는 입구를 면 보자기 같은 것으로 덮고 고무줄을 동여맨 다음 뚜껑을 덮어 놓아요. 초를 앉힐 때는 이물질이 조금이라도 들어가면 항아리 위에 뿌옇고 두터운 막이 생긴대요. 이것을 '꽃가지 폈다'고 해요. 이 때문에 예로부터 술을 거를 때는 며느리 입에 꽃가지를 물렸어요. 입을 다물게 해서 부정한 말도 막고 침이 튀는 것도 막으려는 것이었지요. 꽃가

지를 막기 위해 꽃가지를 물리다니, 엉뚱하기도 하고 재미있기도 하지만 정성이 대단하지요.

항아리는 뚜껑을 닫고 곧게 비치는 햇살이 없는 서늘한 곳에 보관해요. 이리저리 옮기거나 함부로 다루지 않고, 대신 매일 식초를 자식처럼 끌어안고 흔들어 주지요. '니캉내캉(너랑나랑) 살자 니캉내캉 살자' 이런 노래를 부르면서요. 이것은 공기 중의 초산균이 속에까지 잘 들어가 발효가 잘

막걸리 1되
소주 1홉

② 막걸리 1되와 소주 1홉의 비율로 섞어 항아리에 앉히면 '초산 발효'가 일어나기 시작해요.

③ 5일 정도 지나면 초가 되지요. 한여름에 만드는 것이 좋아요.

되게 하기 위한 거예요.

이렇게 봄, 여름, 가을, 겨울 사계절을 다 보내고 나면 초두루미 바닥에 작은 벌레가 생기는데 이것을 '초눈'이라고 해요. 초가 완성됐다는 표시지요. 이때쯤이면 초두루미 주위로 작은 날벌레들이 초 냄새를 맡고 모여들어요. 우리 조상들은 이것을 '초할마이'라고 하며 반겼어요. 초가 잘 발효됐다는 뜻이었으니까요.

완성된 식초를 거르고 나면 바닥에 초 지게미가 남아요. 이것이 초의 종자가 되는 '종초'예요. 종초만 있으면 여기에 다시 술을 걸러 부어 숙성시켜서 똑같은 맛의 식초를 또 만들 수 있어요.

옛날 우리 조상들은 이렇게 맛의 '씨앗'을 스스로 만들어 대대로 집안의 맛을 전해 왔답니다.

식초의 놀라운 효능

술이 시어져 식초가 된다는 것을 알았던 우리 조상들은 부엌 한편에 식초 단지를 두고 술을 거르고 난 술지게미나 누룩 등을 이용해 식초를 만들었어요. 보리나 쌀, 현미 같은 곡물로 식초를 만들었고 또 신맛이 강한 매실이나 가을에 떨어진 감과 홍시 같은 과일을 이용해 식초를 만들 줄도 알았어요.

이렇게 만든 식초는 음식의 맛을 돋우고 짠맛과 느끼한 맛을 줄이는 역할을 했어요.

 그래서 싱싱한 채소를 금방 무쳐 먹거나 여름철에 시원한 냉국을 만들 때, 해초 요리를 할 때 식초를 쳐 맛을 돋웠지요. 또 짠 생선을 요리할 때도 식초를 살짝 떨어뜨려 짠맛을 덜기도 했어요.

 이 밖에도 우엉이나 토란, 죽순 같이 아린 맛의 채소들을 요리할 때 미리 식초에 담가 두어 아린 맛을 없앤 뒤 음식을 만들었어요.

우리 조상들이 식초를 음식에만 사용한 건 아니에요. 의학책인 《동의보감》에는 식초를 "성질이 따뜻하고 맛이 시며 독이 없고 종기를 제거하고 어지럼증을 치료하는 약재"라고 말하고 있어요. 식초의 이런 성질 때문에 우리 조상들은 독이 있는 식품이나 약재를 해독할 때 식초를 이용했고, 황달이나 부스럼, 중풍을 치료하는 데도 썼어요.

이처럼 식초를 음식뿐 아니라 다른 곳에 쓴 예는 세계 역사 속에서 흔히 찾아볼 수 있어요. 의학의 아버지라 불리는 고대 그리스의 히포크라테스, 세기의 미인 클레오파트라, 아메리카 대륙을 발견한 콜럼버스 이 세 사람은 식초를 잘 이용한 대표적인 경우로 꼽혀요. 히포크라테스는 식초의 살균, 방부 효과를 상처 치료에 이용했어요. 클레오파트라는 희귀한 진주를 식초에 녹여 마셔 아름다움을 유지했지요. 그리고 콜럼버스는 긴 항해 동안 식초에 절인 양배추를 먹고 건강을 지켰답니다.

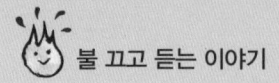 불 끄고 듣는 이야기

석유로도 식초를 만든다고?

"엄마, 무슨 식초 사 와요?"

혹시 심부름으로 식초 사러 가 본 적 있니? 진열대 위에 식초가 어찌나 많은지, 대체 어떤 걸 사야 하나 헷갈렸을 거야.

식초는 만드는 방법에 따라 천연 양조 식초와 합성 식초로 크게 나뉜단다. 천연 양조 식초는 자연 재료로 자연의 반응을 이용해 얻은 거란다. 식초는 술에서 비롯됐으니까 과실주를 주로 먹던 곳에서는 과일 식초, 곡물주를 주로 먹던 곳에서는 곡물 식초를 주로 만들어 먹었지.

프랑스에서는 와인 식초, 영국은 보리나 맥주로 만든 식초, 독일에서는 증류주의 알콜을 원료로 한 식초를 주로 먹는 것도 이 때문이야. 중국에서는 식초를 '고주(쓴 술)'라 부르며 약으로 썼고, 일본인들은 현미를 이용해 흑초를 만들었어.

 술 마시는 것이 금지되었던 이슬람 국가에서는 식초도 없었어. 이런 곳에서는 레몬이나 요구르트 등으로 음식에 신맛을 냈지.

 자연의 재료를 이용해 식초를 만들려면 과정

도 까다롭고 시간도 오래 걸려. 그런데 기술이 발달하면서 이런 문제를 한번에 해결할 수 있게 됐어. 석유에서 초산을 뽑아내게 된 거야. 이렇게 만들어진 초산은 웬만한 플라스틱 정도는 녹여 버릴 정도로 독해. 그리고 섭씨 16도 이하에

서는 굳어져 얼음처럼 보이기 때문에 흔히 '빙초산'이라고 부른단다. 가게에서 파는 합성 식초는 빙초산에 여러 가지 화학 향과 물을 섞은 거야. 이렇게 만든 식초가 몸에 좋을 리 없겠지?

그러니까 식초를 고를 때는 천연 양조 식초인지 합성 식초인지를 먼저 확인해야 한단다. 그리고 천연 양조 식초 중에서도 곡물 식초인지 과일 식초인지 그 재료를 확인해 보는 것도 좋겠지.

식초를 집에서 만들어 보면 어떨까. 우리 집만의 식초, 그 맛의 씨앗을 만들어 자손 대대로 물려주는 것도 멋진 일일 거야.

박남정 글

책 읽고 글 쓰는 재미에 빠져 어린 시절을 보냈고 이화여자대학교 국문과를 졸업했습니다. 〈출판저널〉에서 책을 소개하고 책에 관해 이야기하는 일을 하며 행복한 시절을 보냈습니다. 지금은 충청북도 괴산에서 농사를 짓고 틈틈이 글을 쓰며 지냅니다. 펴낸 책으로는 《곰 아저씨의 딱새 육아일기》《고추아저씨 발명왕 되다》《초딩, 자전거 길을 만들다》들이 있습니다.

백명식 그림

오랫동안 어린이 책 그림을 그려 왔습니다. 그린 책으로 《WHAT 자연과학편》《책 읽는 도깨비》《책귀신 세종대왕》《책 읽어주는 바둑이》외 여러 권이 있으며, 쓰고 그린 《엄마 어렸을 적에》《김치네 식구들》들이 있습니다. 2008년 소년한국일보 우수도서 일러스트상을 받았습니다.

역사사랑 목록 선정

전국역사교사모임 내의 연구모임으로 1998년 고려대학교 역사교육과 출신 중·고등학교 현직 교사들에 의해 시작되어 사고력과 창의력을 높이기 위한 다양한 수업 모델과 평가 방법을 연구하고 있으며, 〈이이화의 역사문화수업〉 시리즈의 목록 선정에 참여하였습니다.